ストレス時代のこどもの学び

Children's Learning in Times of Stress

副島賢和
Soejima Masakazu

JN087067

風鳴舎

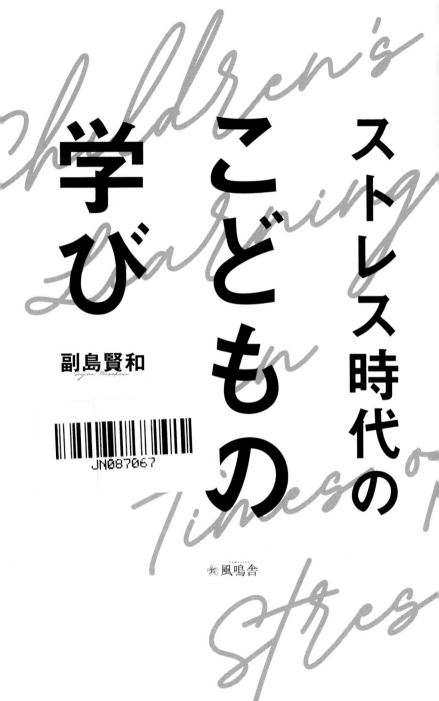

目次

第2章

どんな感情も持っていい

第3章

学びに向かう前に ～安全・安心～ Safety……81

第4章 子どもたちが動き出すとき ～挑戦・希望～ Challenge/Hope……129

第5章

子どもの「学びたい」を止めないために

はじめに

「病弱教育」の視点がいま、多くの子どもたちに役立つ

新型コロナウイルス感染防止対策が、子どもたちに大きな影響を及ぼしています。

私はふだん、病気による困難を抱えた子どもたちの教育に携わっているのですが、その現場での視点がみなさんにも役立つかもしれないと考えています。

私は25年間、東京都で小学校の教員をしていました。2006年から8年間は、病院の中にある院内学級で担任として、入院中の子どもたちの教育、つまり「病弱教育」について考え、実践するようになりました。2014年からは、大学の教員をしながら、附属病院内学級を担当し、院内学級のない病院にも足を運んでいます。

この本では、そこで出会った子どもたちの話も交えながら、できるだけ具体的に、いますべての子どもたちに必要なかかわりについてお伝えしたいと思います。

子どもたちはいま、どんなことに困っているのでしょうか。

長期間の休校や感染予防の対策などが子どもたちに及ぼす影響は、学習の空白、運動や遊びの制限、集団活動の不足、人とのかかわりの制限、学習時間の確保の困難、経験の不足などが考えられます。

特に今回の感染症での難しいところは、「人とかかわる＝危ないこと」だとされていることです。つまり、人とのかかわりの制限にあります。友だちや人とかかわることを大切に考えてきた学校教育においては、ノウハウの蓄積が薄いところでしょう。

日々の見通しを立てて希望を持てるように

しかし、病気の子どもたちは、これまでも同様の問題をずっと抱えてきました。免疫力が低下して、家族にも会えない時間を過ごしている子もいます。体を思い切り動かしたいのに、運動を制限されている子もいます。

いまこの状況で、とにかくがまんをしている子どもたちが多いと思います。休校が続いていた期間、子どもたちは、まだ授業を受けていない範囲を家庭で学習するようにと、課題をたくさん配布されたかもしれません。登校がはじまった後も、分散登校をしたり、マスクをつけて手洗いや消毒を欠かさないようにと気を配り、友だちとも密にならないように休み時間を静かに過ごさなければならなかったことでしょう。

「いままでと同じ」に戻ることは、今後、難しいのではないかと思います。

発達の課題がある子どもたちや、スケジュールの急な変更が苦手な子どもたちは、本当に大変だと思います。そうではない子どもたちも、たくさんのことをがまんして、だんだんしんどくなってきています。

いま、子どもたちにとって大事なことは、なぜそのようなことが必要なのか、その意味をその子に分かるようにきちんと話して伝えることです。そして、希望を持てるようにしてあげてほしいと思います。

希望は、日常を拡充し、この先の見通しが立つことで持てるようになります。いまは大人でさえ見通しが立たない状況ですが、そういうときには日々の見通しを立てていくだけでもずいぶん違います。

「今日はこういうことができるといいね」

「明日はこういう楽しいことをしようね」

「このお休みの期間にこういうことができるようになったら素敵だね」

そんなことばをかけながら、その子が得意なことや好きなこと、いつもはできないけれど家族一緒にいる時間にこそできることを考えてみると楽しめると思います。

子どもたちにとって「学ぶことは生きること」

「病弱教育」では、さまざまなことを制限されている子どもたちに「私たちができることはないか」と常に考え、多くの方と連携協力をし、試行錯誤をしながら学びの場を保障してきました。

その経験から、休校中の多くの子どもたちの様子や、学校再開後に出てくるであろう子どもたちの様子を想像できます。

地域によっては、まだまだ感染者の増加も心配されています。この状況の中では簡単ではないかもしれませんが、家庭で子どもたちと一緒に過ごすためのヒントとなるようなお話を、できるだけたくさんお伝えしたいと思っています。

また、これをきっかけに、「学びの保障」や「学びを止めるな」ということばがあちこちで言われるようになりました。そして、「学校はなんのためにあるのか」「学びとはなにか」を考える動きが全国各地で起こりはじめています。

病気を抱えた子どもたちにとっての学習は、学習の空白をなくすことだけではありません。子どもたちにとって「学ぶことは生きること」だと私は考えています。

この本は、こういうときにはこれが正解、というようなマニュアルのような本ではありません。何が正しいかは、その子とその人の関係の中にあります。正しかったかどうかは、数年後にわかることもあるからです。この本では、私が病気の子どもたちとかかわることで見えてきた本来の「学び」の意味を、みなさんと一緒にあらためて考えてみたいのです。

先が見えない時代を生きていくためには、「これまでの常識」、「いままでのやり方」は通用しません。そのことを、大人がまず認識しなければならない。大人である私たちが頭をほぐして、「これまでの常識」、「いままでのやり方」にとらわれることなく、未来を創る子どもたちとも力を合わせ、共に考えていくことができればと願います。

第1章

混乱の時代の子どもたち

子どもの学習の遅れが心配
いま、本当につけておきたい力とは？

学校は安全で安心できる場所であってほしい

みなさんはいま、お子さんのことで何が心配ですか？

休校中に進められなかった学年ごとのカリキュラムは間に合うのか。また、どのように進めるのかということかもしれません。

私は、休校期間中の空白を埋めるために子どもたちの学習の遅れを取り戻し、学力を高めようという力が強くなりすぎてしまうのではないか、そうなると学校に行けなくなるお子さんが増えるのではないか、と心配しています。

これまで、文部科学省が「子どもたちの学力を上げます！」という内容を発信すると、その後、必ず不登校の子どもたちが増えていました。ゆとり教育で学力が低下したと批判されましたが、実は、ゆとり教育の時期には不登校の児童数は減っていたのです。

それは、子どもたちにとって学校が安全で居心地のよい場所になっていたからだと思います。

私は、この混乱をきっかけに、学校がすべての子どもたちにとって安全で安心できる場所になってほしいと願っています。

そして、それとともに、学校に戻っていける力を子どもたちにつけておくことも必要です。では、子どもたちにどんな力をつけることが必要なのでしょうか。

院内学級では「学ぶ力」をつける学習を意識しています

いま、学習の遅れや学力の低下を心配しているお家の人たちも多いと思います。

「この時期に勉強しておかないと遅れちゃう」

「この時期に勉強すれば差を広げられる」

そんな思いから、子どもに働きかけている方もいるかもしれません。

私が入院中の子どもたちにかかわるとき、心掛けていることは少し違います。学校に行かず、時間に追われずに過ごせるこの時期に、「学ぶっておもしろい！」「ひとりでも学べるんだね！」「新しいことを知るってワクワクドキドキするよね」ということをその子が体験できるようにと心掛けています。

例えば、今回の休校中に詰め込みの学習をさせられた子どもと、学ぶことのおもしろさをワクワクドキドキしながら体験した子どもでは、どのような違いが出たでしょうか。

学校が再開してしばらくは、休校中に詰め込み学習をした子どもが力をつけたような結果が現れたかもしれません。しかし、将来的には「学ぶことのおもしろさを体験した子どもたち」が身につけた力が必要になるはずです。これからその子が学びに向かう姿勢を大きく変えると思うのです。

院内学級は、1コマ45分間。授業数も限られています。しっかりと授業ができるわけでもありません。入院の日数もその子どもによって異なります。

ですから、院内学級では、カリキュラムを詰め込んで全てをこなすことではなく、「学ぶ力」を楽しく身につける学習を意識しています。

「入院中でも勉強ができた」

「こんなに楽しい勉強の仕方を覚えた」

「私はこの暗記の方法がおもしろい。自分に合っている」

そう言って笑顔で退院していく子どもたちは、本来の授業が受けられなくても、けして「みんなに遅れた」とか、「私は入院中に勉強ができなかった」とは思いません。たとえ、入院中に学校のみんなが学習を進めていた教科書の30ページ分はできていないとしても、退院するときに自信を持って「俺、病院でもちゃんと勉強したよ」と言えるようになります。

そういう力をつけることを、いま、子どもたちにかかわる大人は考えなくてはいけないと思います。そうすれば、将来、「もっと学びたい!」「もっと知りたい!」と、意欲的に学びに向かう力が発揮できるはずですから。

その子が楽しくできる学び方を見つけるチャンス

それぞれの子が、自分に合った学びかたを見つけていく。先生や親はそれをサポートする。時間にゆとりのあるときは、そんなことができるチャンスだと思います。

「教科書を開いてノートを書かせ、いつまでに提出させる」というのは、お家の人の仕事ではありません。それでは学校も、先生も、いなくていいことになります。

「なかなか宿題が進まない」

「あまり理解できていないかもしれない」

そんなふうに困ったときには、無理して期日までに全てをやらせようとするのではなく、ぜひ学校の先生に相談してみてほしいと思います。

学び方はひとつではありません。その子にとって楽しく学べる方法がほかにもきっとあるはずです。新学年になり、担任の先生が変わってしまったときには、ぜひお子さんのふだんの様子を先生に伝えてあげてください。先生も「お子さんはそんな一面があるのですね」と、その子のことを知るきっかけになります。

「じゃあ、少し課題を減らしてみましょうか」

「ここだけはやってもらって、あとは自分の好きなことを調べてみてください」

「プリントが難しければこんなやり方はどうですか？」

お家の人と先生がそれぞれの子どもたちの様子をよく見て、その子に合った学習の進め方を相談しながらアレンジすることができたらいいですね。

宿題や家庭学習 子どもによって取り組み方はさまざま

多くの子どもたちにとって、一人で勉強することは難しい

突然休校になったあの時期を振り返ってみると、子どもの一日の様子を見て不安になっていた方も多いかもしれません。学校ではできていたはずのことが、どうして家でできないのかなと不思議に思うこともあったかと思います。

子どもたちは、学校ではどうして時間割通りに勉強できるのでしょうか。それは、同じクラスで一緒に勉強している仲間がいるからです。なかには、一人でもふだんと変わらず勉強ができる子もいるのですが、多くの子どもたちにとって、一人で勉強することは難しいことです。

感染が広がった地域では、ゴールデンウィーク明け、学校から1か月分の課題をどっさり受け取った子どもたちもいたかもしれません。時間割を細かく設定して明記したプ

リントを配布した学校もあったようです。その時間割を参考として、自分で予定を立てるようにという意図だと思うのですが、学校から配られると、できるだけそれに近づけようとがんばってしまうご家庭もあったかと思います。

しかし、学校だとできることでも、家庭で同じように行動することが難しい子どももいます。子どもによって取り組み方はさまざまです。

低学年や勉強が苦手な子は、勉強をするときに一緒に見てあげることが必要です。といっても、横に座って最初から最後までじっと見ているということではありません。お母さんは横で本を読んでいる、きょうだいも一緒に違う勉強をする、お父さんはパソコンで仕事をするなど、同じ空間でそれぞれが違うことをしていいと思います。

大事なことは、その上で、「わからないことがあったらいつでも聞いてね」と声をかけてあげてほしいのです。

間違ったところにバツはつけない

私がいつもかかわっている入院中の子どもたち。彼らに必要なことの一つは、「できた!」という感覚を持つことです。それができると、「休んでいる間にも勉強したよ!」

と自信を持って学校に戻れるようになります。

今回のような緊急事態による休校の場合にも、もしくは、春休みや夏休みなどの長期休暇、ふだんのお休みの日でも、同じです。

家庭では、勉強している子どもに声をかけるとき、「ここ、できてないよね」「これ、間違ってるよ」「そこ、まだやってないじゃない」などネガティブなことばではなく、「これ、できたね」「この問題合ってるよ！」「すごいなあ。ここわかったの！」など、ポジティブなことばをたくさん渡してあげてください。

失敗や間違えたときにも、「失敗は誰でもあるよ」「ここを間違えていても、こっちはできているよ」と積極的に認めてあげることが、一人でも学習が続くポイントです。

同じ教科ばかりやりたがる子には、「また算数ばっかりやって」「得意なことしかしない」と声をかけるのではなく、「算数好きなのね」「やりたいところからやってみようね」というところから認めてあげてほしいと思います。

答え合わせのときにも、ちょっとしたコツがあります。私は、間違ったところにバツはつけません。四角く囲んであげて、「これはもう一回やったほうがいいよ。わからなかったら言ってね、一緒に考えるから」と声をかけます。

最初に正解したものには、一重丸。やり直した問題は二重丸にしています。だって、できなかった問題ができるようになるって、すごいことです。間違ったって、失敗したっていいいんだよって伝えたい。そういうことを私は院内学級でやっています。

子どもは大きく4つのタイプに どのタイプの子もダメじゃない

子どもは、学習にどのように取り組めるかというところで見ると、大きく4つのタイプにわけられます。もちろん一人ひとり違うのですが、大まかに子どもを見るときの目安にしていただければと思います。

1　一人でできる子

一人で学習ができる子は、教師や親が課題を用意しなくても、自分でやりたいことを見つけて取り組むことができます。「これやりたいな」「これ終わったから、今度はあの本を読んでみようかな」と、自分で意欲的に取り組むことができます。

そういう子にも、時々アクセスしてあげることが必要です。「いまどんなことやってるの？」「へえ、おもしろいね」などと声をかけ、興味のありそうな本を紹介するなどしてその子の世界を広げ、深めるようなかかわりをします。その子がほしいのは、「常に」ではなく「折を見て」自分を認めてくれるかかわりです。

2　誰かが声をかければできる子

教室でもそうですが、自分を見てくれる人がいるとできる子がいます。「こういうことをやってみたらどう？」「わからないことがあったら聞いてね」などと声をかけてあげると、「よし、やるぞ」とやる気が出て学びに向かうことができます。

ちょっと飽きてきたなと思ったら、「どれどれ、ちょっと見せて」などとちょっかいを出すと、またできるようになります。この場合、お家の人や教師の声かけ、課題を渡すタイミングが大事です。

長期間学校が休みになったときには、電話やメールや手紙、環境が整っていればオンラインなどで、先生が定期的にかかわるといいですね。「次に先生と話すときはこういうことを聞いてみよう」などという気持ちも出てくると思います。

3　誰かと一緒ならできる子

先ほどお話ししたように、みんなと一緒だからできるという子どもたちはたくさんいます。家では家族で一緒に勉強する時間をつくるといいでしょう。

つきっきりで横に座っていなくてもいいのです。「じゃあちょっとお父さんここを片付けるから、その間、勉強しようか」「いまから夕ご飯つくるから、その間勉強してみようか」などと言って、時々声をかけてあげるといいと思います。

こういう子どもたちには、学校の先生も時間をとって、一対一のかかわりをつくる必要があります。オンラインのパソコンなどの画面越しでも、そうしたかかわりがあるとずいぶん違います。

4　誰がいても勉強が難しい子

学校でも勉強することが難しく、周りに友だちがいるのでどうにか座っている子もいます。いままでも宿題をすることが難しかった子が、家庭で一人で勉強するのはもっと難しい。お家の人もきっと大変で、つい「いい加減にしなさい！」と声を上げてしまうかもしれません。

もともと勉強に対する苦手意識がある、勉強なんてやりたくないと思っている、発達障害など課題があって一人では集中できない、わからないことがあったらイライラして手につかない、など、いろいろなことが考えられます。

そういう子たちは、無理に課題を進めることにこだわらず、好きなことや得意なことに取り組むといいでしょう。「こういう本読んだよ」「好きな事典見てた」「リコーダーの練習したよ」など、どれもその子にとっては学習です。

「せっかくの機会だから、4年生だけど苦手な掛け算こっそりやろうか」など、その子なりの自信や達成感を得られるよう、学年にとらわれず取り組んでもいいのです。興味があることや楽しんでできることを探して、それを親も先生も学習だと認めることができれば、学ぶ楽しさを感じてもらえます。


しかし、どの子の場合も、親だけ、家庭だけで学習を進めるのは大変です。

その理由の一つは、学習をするときは、「自分のできないことや失敗を人にさらさなければいけないときがある」ということがあります。子どもが、自分のできないことや失敗をお家の人に見られたくない場合や、安心してそれができない環境では、学習を進めることはとても難しくなります。

そしてもう一つの理由は、「在宅ワーク＝子どもにかかわる時間が取れる」というわけではないということです。お家の人がお家にいたとしても、仕事をしている方が多いのが実情です。そのようなお家の人に、学校が担ってきた学習の保障をただお願いするわけにはいかないと考えています。

今後もし、そのようなことで困った場合には、学校の先生と連携を取り合いながら、困ったことは相談してみてほしいと思います。先生たちも試行錯誤しながらいろいろな方法を考えているはずです。もし課題をやりきれないと思った場合は、家での様子を先生に伝えて相談し、少し課題を減らしてもらう、電話やオンラインで時々声をかけてもらうなどができるといいですね。

困ったときには学校や先生に頼ってください

学習の遅れよりもまず心配なこと

6月、全国の小中学校の休校が解除されました。しばらくは人数を減らしての分散登校をしている学校もありました。

その後の学校生活は、いつもの長期休暇明けとは全く違う状況になりました。学校の先生も保護者のみなさんも、そして子どもたちも、とても緊張しています。以前のように休み時間に思い切り走り回ったり、友だちとワイワイおしゃべりしたり、美味しい給食を楽しみにしたりできる学校は少なかったのではないでしょうか。

登校しているのは短時間のはずなのに、いつも以上にぐったりと疲れて帰ってくることもあったかと思います。子どもたちはきっと、毎日とても気を張っています。

オンライン授業があった学校では、すべての子どもたちがつながることができていたでしょうか。オンライン授業を取り入れた学校でも、設備などの事情やご家庭の方針でインターネットにつなげない家庭があったかもしれません。もしそうだとしたら、学校の先生方は、先生や友だちとオンラインでやりとりできていた子どもたちとそうでない子どもたちをどのようにつなげていくかにも、細やかな配慮が必要です。

休校中、子どもたちの家庭はさまざまな状況に置かれていました。いまもそうです。学校が休みだからといってすべての家庭で親が在宅というわけではありません。

親が仕事に出かけるのを心配しながら、家で一人で留守番をしていた子どももいます。お父さんやお母さんが家にいて、ずっと同じ空間で過ごすことで、過保護、過干渉になってしまった家庭もあるかもしれません。これを機会に、いい関係をつくり直すことができた親子もあるでしょう。収入が激減してしまい、不安に包まれている家庭もあるかもしれない。

このように、それぞれ異なる状況で過ごした子どもたちが学校に集ったとき、どんなことが起こるのでしょうか。子どもたちが学校などで何かトラブルを起こしたときにも、「お家でしんどかったのかなあ」「がまんして過ごしていたのかなあ」と、その背景を考えながら先生方が受け止めてくださるといいなと願います。

これはコロナの時期だけに必要なことではありません。これまでも子どもたちは一人ひとり、家庭の事情は異なりました。学校の先生は、そうした状況を変えることはできないからこそ、それぞれの背景を考えながらその子にかかわる必要があります。

このことはいま、学習の遅れや学力の低下を心配する以上に大切なことです。分散登校の間はいつもの半分の人数でした。先生方が子どもたち一人ひとりの様子をていねいに感じ取るチャンスになったのではないかと思います。通常の人数に戻ったいまは、これまで以上に気を配ることが必要です。

学校の役割って何だろう

学校の役割とは何でしょうか。いま、そのことが問われていると思います。

ただ定められた範囲の学習を進め、効率よく問題を解く力を高めることだけが目的の場所であれば、学校に子どもたちが集まる意味はあるのかなと疑問に思います。

それなら、むしろオンライン教育のほうが性に合っている子どもたちもいます。解説の上手な先生の動画を探せば、自分で勉強ができる子はどんどん進めていくことができるでしょう。

私は、学校は、効率よく問題を解く力を高めるためだけの場所ではないと思っています。答えのわからない大きな問いを友だちや先生と一緒に悩みながら考え、人とかかわるって心地いいよねということを伝える場所でもあると思うのです。

家庭で、もし心配なことがある場合には、積極的に先生に伝えてほしい。担任の先生じゃなくてもいいのです。学校の中に、その子が頼れる味方を探してください。何かがあったときに、頼れる場所。図書室の先生でも、校長先生でも、隣のクラスの先生でも保健室の先生でもいいのです。

何かが起こってからでは聞き出すのはちょっと難しいのですが、普段の生活のなかで何気なく子どもに聞いてみると教えてくれます。散歩をしながら、食事をしながら、同じ方向を見て、さりげなく聞いてみてください。

「困った時に相談できる先生とか、学校にいる？」

子どもから先生の名前が出てこないときには、こちらから聞いてみます。

「〇〇先生、素敵だなって思うんだけどどう？」

「スクールカウンセラーの先生、どんな感じ？」

子どもたちは素直になったとき、「あの先生好き」「あの人合わないな」「あの先生、結構いいね」などと本音を答えてくれるでしょう。

子どもが信頼している先生に、家庭や子どもの心配ごとを伝えておけば、何かあったときにも、その背景を考慮しながら子どもにかかわってくれるはずです。

学校の中で頼れる場所があると安心です。心配なことをわかってくれる人がいるというのは、心強いものです。そんな関係をつくっていきましょう。

ストレスやこころの状態 子どもを見るポイントは？

疲れは3の倍数でやってくる

こころの傷つきについて語るとき、よく言われるのは、3日後、3週間後、3か月後、3年後に波が来るということです。

学校が始まることを楽しみにしていた子どもたちも、しばらくは元気に見えても、これまでとは全く違う学校生活でとても気を張っていたと思います。「学校に行くのは心配だな」と思いながら、その子なりにとてもがんばっている子もいるはずです。

「学校どうだった？」

「なにか心配なことある？」

「先生に伝えたほうがいいことある？」

「お勉強、わからないことあるかな？」

「お友だちとはどう？」

このような問いかけを、生活の中でさりげなく聞いてあげてほしいと思います。たたみかけるようにではなく、問い詰めるようにでもなく、何かの会話の途中にポンッとはさんでみてください。

思春期の子どもたちであれば、知らん顔をして「うっせえよ」と言うかもしれません。そんなときには、「じゃあよかった。心配なときはいつでも言ってね」「応援しているからね」と言ってあげてください。

あなたの感情は受け取ったからね。いつでも「助けて」って言っていいんだよ、ということを伝え続けてほしいのです。

子どもを見るポイントは、感情、思考、行動

「学校に行くのがちょっと心配」という子には、何かお守りがあるといいと思います。お守りそのものでもいいし、お守り代わりのハンカチや、授業で使う鉛筆や消しゴムにおまじないをかけてあげてもいいですね。

その子が不安になったとき、ギュッと握れるものがいい。「大丈夫、大丈夫」と小さな

声で言えば落ちつくよなど、おまじないのことばを教えてあげてもいいと思います。そういうものがあると、子どもたちもきっと心強いはずです。

子どもから訴えてくることがなくても、子どもはしんどいとき体に変化が出ます。特に、がんばり屋さんは気をつけて見てあげてほしいのです。

子どもを見るポイントは、感情（こころ）、思考（あたま）、行動（からだ）の三つです。

疲れていると表情がなくなっていたり（感情が動かなくなる）、ぼーっと過ごしていたり（思考することをやめてしまう）、やる気がなくなってゴロゴロしたり（行動することがおっくうになる）します。何か一つでも気になることがあれば、「ちょっと疲れてない？」とやさしく声をかけてあげてください。

先生はどうして笑わないの？

学校では、子どもたちも先生もみんなマスクをしています。フェイスシールドをつけている学校もありました。その上、あまり大きな声も出せない状況です。友だちと大声で笑うことも、ワイワイとおしゃべりすることも控えているのではないかと思います。

このような状態では、お互いに感情表現が伝わりづらいということを、私たちは念頭に入れておかなければなりません。

入院中のある女の子が、院内学級のある先生にこう言ったことがありました。

「先生はどうして笑わないの？」

その先生は笑っていない訳ではありませんでした。笑顔の素敵な先生です。でもその女の子には、「この先生は笑わない」と見えていたのです。以前から、院内学級では必要があればマスクをつけて授業をすることもありました。その先生はそのとき必要があってマスクをしていました。

私たち教師は、「口元は笑っても目は笑っていない」と言われることがあります。教師は子どもたちを見るとき、安全を確保したり、評価をしたりするために、一人ひとりをしっかりと見ることを求められます。

ある心理士さんは、「みるのは教師の仕事。きくのが心理士の仕事」と教えてくださいました。目が笑っていないように見えてしまうのは当然かもしれません。

普段はマスクをしていないので、口元が笑っていれば笑顔に見えます。しかし、マスクで口元を隠しているとどうでしょうか。口元でいくら笑っていても、相手には目元だけしか見えません。

先生に限らず、マスクをしながら人と接するとき、特に子どもたちに接するときは、どうすれば口元を隠しても、相手に笑顔が伝わるかを練習することも必要です。笑顔になるとき、どんな表情になっているかを意識したことはありますか。

鏡の前で、マスクをしたり手を当てたりして、口元を隠して笑ってみるとよくわかると思います。

「コロナごっこ」がはじまったら

子どもたち一人ひとりが、安全・安心をしっかりと感じながら日々を送ることができていれば、「困っている子がいたら助ける」ことができる学級になっていきます。

悲しみや不安などに向き合える力がつくと、「自分は自分のままでいい」「生まれてきてよかった」そう思えることができ、困難に向き合うことができるようになります。

先生たちは、それぞれの現場で、そうしたことを繰り返し子どもたちに伝えてきたはずです。

そのような学級では、休校が解除された後も新型コロナウイルスによる差別的な言動は出てこないと思います。しかし、今回は、新年度になり新しいクラスや新しい学年になったばかりで、あまり友だちとも知り合うことができていない状況で休校になってしまったこともあり、いろいろな問題が出てきているかもしれません。

被害者意識や劣等感、不安や孤独感などを抱えている子が多くなると、新型コロナウイルスに対しても必要以上に恐れを抱くことがあります。すると、少しでも関連するものは排除しようという態度が現れてしまうかもしれませんが、それはサインです。

東日本大震災の後には「津波ごっこ」をして遊ぶ子どもたちもいました。今回は「コロナごっこ」をする子どもたちも出てきています。

遊びは、子どもたちが対処法を見つけるためのもので、どうすればこの大変な状況から逃げられるか、どうすれば治るのかなどを、遊びの中で見つけ、自分なりに受け入れていく過程でもあります。

遊びの良いところは最終的に自分がコントロールできるところです。

ごっこ遊びでは、実際に津波に飲まれるわけでもなく、コロナに感染してしまうわけでもありません。注射を打つふりをして、注射をすれば治るという遊びを通して不安を取り除いていることもあるのです。そんなときには、まず遊びを見守ってあげてください。

子どもが誰かを傷つけたときは感情は受容し行動は容認しない

ただ、時折、その延長で言動が激しくなり、誰かを傷つけてしまうこともあります。大きな不安を受け止めきれず、不安を取り去ろうとしてそうした方向へと動く子どもたちが出てくるかもしれません。

もし、家庭や学校でそのような傾向が現れてきたときには、「そんなことを言うんじゃない」と力で押さえ込むのではなく、まずはその子の不安を受け止めてあげてください。

「わからないものって、怖いよね」

「自分や家族が病気になったら嫌だなって思うよね」

などと声をかけ、その子の感情はしっかりと受け止めます。

そして、それから、「でも、あなたのその願いを、相手を傷つける方法で表現するのは違うよね」ときちんと伝えてあげてください。

つまり、「あなたの感情は受容するけど、その行動は容認しない」という姿勢をしっかりと貫くことです。まず、その子の抱える不安を受け止めてから、正しい知識を伝えてください。

そして、何よりも大事なことは、その子が被害者意識や劣等感、不安や孤独感などを持たないようにするにはどうすればいいかを、学校の先生や家庭など、大人たちが力を合わせて考えていくことです。

子どものエネルギーとストレスを知るには

いつも以上にふざけてしまう子どもたち

休校中や分散登校のとき、家でいつも以上にふざけている子、大騒ぎをしている子もいたかもしれません。

「以前はこんなことはなかったのに驚いている」と、あるお母さんからご相談がありました。「こんなときに何やってるの！」とつい言ってしまうかもしれませんが、実はその子の行動は、ストレスを解消する方法の一つなのではないかと思います。

本当なら学校で休み時間に友だちと思い切り遊び、大きな声を出して楽しく過ごしていた子も、いまは学校でも行動に制限がかかっています。安心してストレスを発散できる場所が家族の前しかなくなってしまい、そうして解消しているのかもしれません。

病院では、お父さんやお母さんが亡くなったとき、ふざけて走り回ってしまう小さな子もいます。「何もわからずにはしゃいでいるのだろう」と大人たちから受け止められることが多いのですが、その子はきっと、「わかっていない」のではなく、「わかると大変だから無意識に受け入れないようにしている」のだと思います。脳はそのように自分を守ろうとして行動を起こします。

いつも以上にふざけているときや大はしゃぎをしているときには、その子が抱えきれないストレスがあることが考えられます。ぜひそうしたことにも思いを寄せながら、その子がどんなことにストレスを抱えているのかを一緒に考えてあげてほしいのです。

学校の目標でもよく言われることですが、過ごし方の目標などは、「廊下を走ってはいけません」などと禁止するのではなく、「廊下は歩こう」と、ポジティブなことばで表現してあげてほしい。禁止することばだけを並べるのではなく、ぜひポジティブなことばで子どもたちに伝えてあげてください。

マンションなどで、家では静かに過ごさなければならない環境もあるでしょうから、そんなときは、「家で騒いじゃダメ」ではなく、「おうちで静かに楽しく過ごすためにはどうしたらいいかな?」「静かに遊ぶ遊びって何があるかな?」「お外でいっぱい走ろうか」などと声をかけてあげられるといいですね。

このように、ほんの少し意識を変えるだけで、やさしいことばをかけてあげやすくなります。

「一人ぼっちになってしまうかもしれない」という不安

ワイドショーやニュースなど、断片的なテレビなどの情報から、とても怖がっていた子もいます。小さな子どもは、「自分が一人ぼっちになってしまうかもしれない」という不安を抱えているかもしれませんが、それをうまく言語化できません。

「お仕事行かないで」「買い物行っちゃいやだ」などと、怒ったり泣いたりしながら訴えてくることもあったかもしれません。親としては、「そんなことを言われても、行かないわけにはいかないんだから、わがまま言わないで」と困ってしまったことでしょう。

その子は、買い物に行ったり、電車に乗って仕事に出かけたりするお父さんやお母さんのことをとても心配しているのです。そのような言動が見えたときには、「行かないとダメだから」ではなく、「お母さんはきちんと手を洗っているから大丈夫よ」「会社でも、こんなふうにみんな注意しているから大丈夫だよ」など、こういう理由で大丈夫だよときちんと説明をしてあげてください。

何よりも子どもに伝えておきたい最も大事なことは、「あなたを一人ぼっちにはしない」「そのために一生懸命やっているから大丈夫」ということです。

「あなたのことがとても大事だと思っているよ。あなたもお母さんやお父さんのこととても大事に思って心配してくれているのね」と、その子が感じていることを言語化してあげてください。子どもたちの言動の根っこにある不安を探っていくことが必要です。

その子が持っているエネルギーは？

病気を抱える子どもたちは、エネルギーが小さくなっていますから、ベッドの上で一日を過ごしたり、小さな院内学級で学んだりすることでこと足りるのですが、いつも校庭を走り回り、大きな声で友だちと騒いでいた元気いっぱいの子どもたちには、教室の中でじっとしていることや家の中で静かに過ごすことはとても窮屈です。

院内学級でも、退院した子が久しぶりに院内の教室に遊びにくることがあります。そんなとき、みんな決まってこう言います。

「あれ、この教室、こんなにちっちゃかったっけ？」

それは、その子が元気になって、エネルギーが元に戻ったから、いままで大きく見えていた教室が小さく見えるのです。

校庭やサッカーコートなど、広いところで対応できるエネルギーの子が、家で静かに過ごすのは本当に大変なことです。

子どもたちは休校中や自粛中、ギュッと小さくなっていました。充満しているエネルギーをギュッと押し込めている子、ギュッと押し込めることがつらくてそれを感じないようにしている子、そのことに慣れてしまって無気力になっている子など、さまざまな子どもたちがいました。いまもそんな子どもたちがいるかもしれません。

「学び」と「遊び」は、どちらも子どもたちの成長や発達に欠かせない要素です。「学び」は紙の上だけで完結するものではありません。「遊び」のなかで「学び」が生かされることもあり、「遊び」が「学び」に結びつくこともあります。「遊び」自体が子どもにとっての「学び」であるとも考えられます。

休校が解除されて学校が始まっても、学校で思い切り遊んでくるわけではありません。家庭でも、学校の延長で宿題や課題をこなす時間だけを考えるのではなく、一緒に遊んだり、外で思い切り体を動かしてストレスを発散したりする時間をつくってあげることをこころがけていただければと思います。

今まで見て見ぬふりをしてきたことを制限下ではつきつけられる

さまざまなことが制限されている状況の中では、いままで見て見ぬふりをしてきたことがそうできなくなっていきます。入院してきた子どもたちの周りでも、家族の形が見えてきます。

みんなでその子のことを中心に考えて自然に集まる家族、お医者さんや周りのスタッフの支えによってまとまる家族、医療者に攻撃をすることで結束する家族、いろいろな家族の形があります。

新型コロナウィルスをはじめ、さまざまな困難な状況に立たされたとき、そういうことが見えてきます。大きな視点で見ると、地域や国などのまとまりでもそういうことが起こっているのがニュースなどから聞こえてきます。

つらいこと、つらい時期をしのぐための方法はいろいろありますが、できることなら周りの人たちを巻き込みながら、みんなで助け合って、支え合っていける家族が増えるといいなと思います。家族だけでなく、友だちや地域の人で助け合ってほしい。

みんなで支え合っていかないと、どうにもならないこともたくさんあります。みんなが当事者であり、みんなが助け合える力を持っているはずです。家族だけで抱え込まずに、外に助けを求めてほしい。

これを機に、学校もお互いに助けを求めることができる場所になっていくことを願っています。

第2章

どんな感情も持っていい

「だらだらとゲームやユーチューブばかり そんなとき、親はどうする?」

「ひま」を持て余しているのかもしれない

学校が休校になってしまった、外に遊びに行くことを止められた、子ども自身が学校を休んだなど、思いがけず自由になる時間を手に入れた子どもたち。ゴロゴロしながらゲームをしたりユーチューブを見たり、漫画を読んだりしている子どもを見て、大人はこんな声をかけたくなったかもしれません。

「またゲームばっかりして」

「漫画読んでないで、先にやることやりなさい!」

そんなとき、子どもたちは本当にゲームがしたくてしているのか、その漫画が読みたくて読んでいるのか、注意深く見てあげてほしいのです。

入院中の子どもたちも、ベッドの上でゲームをしていることがよくあります。まずは、私がそんな入院中の子どもたちとどのようにかかわっているかを少しお伝えできればと思います。

入院中の子どもたちにとって優先すべきことは、体の調子を整えることです。どこかが痛いとか苦しいとき、安静にしていなければならないときには、院内学級にはまだ通うことはありません。

私はいつも病棟のなかをフラフラと歩いて、この病院にはこんな人間がいるんだよ、と何となく私の存在を子どもたちに伝えています。

まだ院内学級に通っていない子も、その子と同じ病室や、近くの病室の子どもたちから「行ってきます」と声が聞こえてくるので、ベッドの中で、「あの子たちはどこに行っているのかなあ」と気になっているのではないかと思います。

痛みや苦しさがある程度治まって体調が落ち着いてくると、その子たちの「ひま」がはじまります。「ひまだなあと思い始める」と言うとわかりやすいでしょうか。

病院ではずっと治療をしているわけではありません。点滴をしているときも、点滴をスタンドにぶら下げてガラガラと引っ張れば移動できることが多く、お医者さんに治療をしてもらうのは、一日のうちのほんの数分あるかないかです。

そして、ちょうどその頃、登場するのが院内学級の担任です。

私のほうからその子にあいさつに行きます。

「院内学級というところの先生です」と自己紹介をして、「心配なことがあったら、いつでもどうぞ。学校のことでもなんでもいいよ」と、その子や、お家の人に伝えます。

まずは、その子の「ひまつぶし」の相手としてかかわりに行くのです。

不安を横に置いておきたいからゲームをしている

病室をのぞくと、「ひま」がはじまった子は、たいていゲームをしています。でも、本当にゲームがやりたくてゲームをしている子は少ない。

体調が悪く学校を休んだり、コロナの感染予防のため休校中に家で過ごしたり、いつも通りには友だちと遊べなくなってしまったりした子どもたちも、入院中の子どもたちと同じように「ひま」をつぶすためにゲームをしたり漫画を読んだりしているのかもしれません。

では、子どもたちはどうして「ひま」がイヤなのでしょうか。

入院中の子どもたちは、「ひま」な時間があると、ついいろいろなことを考えてしまうのです。

「学校でいまごろみんなは何してるんだろう」

「自分の病気ってなんだろう」

「いつ退院できるのかなあ」

「また痛くなったらどうしよう」

「友だちに忘れられちゃうかもしれない」

そんな不安を横に置いておきたいから、ゲームをしたり、漫画を読んだりします。

今回、多くの子どもたちが、そんな状況にいたのかもしれません。考えたくないことがあるとき、子どもたちは何か時間をつぶせることを探します。ゲームやテレビ、スマホや漫画などは、手軽に時間をつぶせる道具なのです。

「学校に行きたいな」

「友だちと思い切り遊びたいな」

「コロナって、かかったらどうなるんだろう」

「お仕事に行ってるお父さんやお母さんは大丈夫なのかな」

ゲームは、そんな不安を横に置いておける手軽な方法のひとつです。

だから、「またゲームばっかりして」と声をかける前に、ちょっとその子の表情を見てあげてください。

もし、生き生きした顔で、楽しそうにゲームをしていたら、しばらく見守ってあげてほしいのです。この大変な時期に、不安を忘れて楽しめる時間はとても大切です。それに、そんなにゲームが好きなら、将来、ゲームを開発する人やスポーツのプレイヤーになるかもしれませんよね。

本当に楽しんでいるのであれば、終わった後はきっと気分を切り替えて、やらなければならないことにも取り組めるエネルギーがあるのではないかと思います。

でも、つまらなさそうな顔でゲームをしているときは、「ひま」をつぶそうとしているんだと理解してよいでしょう。絵を描いたり、本を読んだりしている子も同じです。絵を描いたり本を読んだりしている子には、あまり叱ることはないかもしれませんが、こころの中は、ゲームをしているときと同じかもしれない。つまらなさそうな表情のときは、「ひま」をつぶしているだけかもしれないのです。

ひまつぶしなのか楽しんでいるのかを見分ける方法

その子がゲームをしているのは、ひまつぶしなのか、楽しんでいるのかを見分けるための簡単な方法があります。

その子に、何かおもしろそうなことを渡してあげてください。

「ちょっとおしゃべりしない？」

「トランプかウノでもしようか？」

そして、こんなふうに付け加えるのです。

「でも、ゲームをしているのなら、無理しなくていいよ」

ベッドでつまらなさそうにゲームをしている子にそんなふうに声をかけると、だいたいの子はこう答えます。

「あ、いいんです。これは後でもできるから」

そう言って、セーブもせずにすぐ電源を切ってしまう子もいます。

そういうときは、ゲームがやりたくてやっているわけではありません。そんなに楽しくないけど、ゲームにほんの小さな楽しみを見つけようとがんばっていたのです。

そのとき、私の勝負は「何を持っていけるか」です。

最初、私がその子に置いてくるのは、私と一緒に過ごしたほんの数分、嫌な気持ちにならなかったかどうか。ここは勝負をかけにいくので、私も緊張してドキドキしています。その子に近づき過ぎていないかな、距離を取り過ぎていないかな、質問し過ぎたかな、学校のこと触れないほうがよかったかな、などと考えています。

その子のベッドの周りにあるものから、その子が好きなことを想像します。野球の本があれば、「野球好きなの？」「どのチームが好き？」と声をかけ、おしゃべりをしながら、「ウノやトランプ持ってきたんだ。一緒にやる？」とたずねます。

ひまをつぶすには、一人ぼっちでゲームをするよりも、誰かと一緒に何かをしたほうが楽しいですよね。

おしゃべりをしながら質問をするとあまり答えてくれなくても、トランプやウノを一緒に楽しみながらだと、いろいろなことを話してくれる子もいます。

せっかくだからいましかできないことをしよう

みなさん、新型コロナウイルス感染の心配が広がる以前はどんな毎日を過ごしていましたか。お父さんやお母さんは仕事や家事に忙しく、子どもたちは放課後も習いごとや塾など予定がぎっしり。いつも時間に追われて過ごしていたのではないかと思います。

休日も、一緒に過ごす時間が持てなかった家庭もあるでしょう。なのに突然、家族で一日中ずっと一緒に過ごすことになりました。私は、この機会をチャンスだと考えてもらえるといいなと思っています。

私はいつも、入院をした子どもたちにこう伝えます。

「せっかく入院したんだからさ」

すると、「え、せっかくってどういうこと?」という顔をされます。

「せっかくだから、いましかできないことをしよう」

「僕たちと一緒だからこそ、できることをしよう」

そう伝えると、納得してくれます。

せっかく家族が一緒に過ごせるのだから、いましかできないことをしてみませんか。

子どもが「本当に好きなこと」は何か、知っていますか?

お子さんのお気に入りの本はどれですか。お気に入りのおもちゃは何ですか。

何をしているとき、いきいきとうれしそうな表情をしていますか。

一緒に散歩にでかけたとき、一緒にトランプをしているとき、一緒にご飯を食べるとき、子どもはどんな話をしていますか。

人とかかわるときの一番の根っこは、「相手の好きなものを知る」ことです。

「あなたの好きなものを知りたいな」という気持ちは、「あなたのことを大切に思っているよ」というメッセージなのです。

家族で一緒に過ごす長い時間のなかで、一つのヒントになればいいなと思います。

駄々をこねたり、甘えたり子どもの様子がいつもと違うと感じたら？

子どもたちは、いまとてもがんばっている

春休みの前、学校が急に長期間の休みになって、最初のうちは「やった！　これでいっぱい遊べる」「勉強しなくてていいぞ」と喜ぶ子どもたちがいたかもしれません。病院に入院したばかりの子どもたちも、体調がそれほどつらくなければ、そんなふうに言う子もいます。

では、その後の子どもたちはどんな様子でしたか。春休みが終わっても、ゴールデンウィークが終わっても、学校が始まらない。始まったかと思ったらまた休校。登校日に友だちに会えると思っていたのに急になくなってしまった……。地域によってはそんな思いを繰り返していた子どもたちもいるはずです。

そしてようやく学校が始まったと思ったら分散登校。手を洗って、消毒をして、暑く

ても気になってもマスクを外すと叱られる。お友だちとくっついて遊びたいけど、2メートル離れなければいけない。

2メートルってどれくらいでしょうか。お互いに両手を広げてぶつからない程度です。人にふれる・ふれられること、つまり、スキンシップで安心感が育ち、脳の発達を促すという研究もあります。でもそれは学校ではできません。

休み時間はトイレに行くだけ。給食は黙って食べなければならない。気をつけなければならないこと、してはいけないことがたくさんあります。

病院での生活も同じです。子どもたちにはたくさんの制限があります。一見、元気そうに見えても、動かずにじっとしていなければならない子もいます。お見舞いにくる人たちとの面会時間も決まっていますし、免疫力の低下している子どもたちは、家族にも直接会えないことがあります。

子どもたちはみんな、置かれた状況のなかでその子なりにとてもがんばっています。

友だちといままでのように思い切り遊べないことはさみしい。「新型コロナウイルスにかかったらどうなるんだろう」と考えると怖いし、とても不安です。お家の人が仕事で出かけていれば、日中は一人で留守番をしている子もいるでしょう。

友だちと遊んでいれば、その遊びに夢中になって、不安も怖さもどこかに飛んでいってしまうのが子どもらしさでもあるのですが、いまはそれも難しい。一人でずっと過ごしていたり、あまり夢中で遊べることがなかったりすると、不安なことやしんどいことがたくさん思い浮かんでくるものです。

「あなたの変化に気がついているよ」と伝えて

子どもたちが安心して勉強できる環境を整えるには、まず、安全な環境を整えることです。子どもたちはいまどんな気持ちでいるのでしょうか。

子どもはストレートに自分の気持ちを伝えてくれるわけではありません。「さみしいからだっこして」と言える子どもには、「さみしいねえ」とギュッとだっこしてあげればよいのですが、そうして自分の感情を捉え、大人に伝えることができる子どもはほとんどいないと思います。なんだかモヤモヤしていても、自分が感じている気持ちが何なのかを捉えることはとても難しいのです。

ここで、大人が「不安や心配があったらちゃんと言いなさい」などと言って、子どもたちの不安を無理に引き出す必要はありません。子どもたちは、ストレートに表現することはできなくても、何か違う表現でサインやシグナルを出しています。

そのとき、そのサインやシグナルを見逃さず、キャッチしてあげてほしい。そして、その子の様子を見ながら、あなたが感じたことをことばにして、声をかけてあげてほしいのです。

「なんとなく、元気ないねえ」

「ちょっと疲れちゃった？」

「なんだかさみしいのかな？」

思春期に入りかけている小学校高学年や中学生くらいになってくると、そういう声をかけづらいものです。もし声をかけても、「へーき」や「べつに」と素っ気なく言われてしまうかもしれません。

親子の間だけでなく、私と入院している子どもたちのやりとりでも同じことが言えます。このような場合でも、「あなたの変化やあなたの感情に気がついている大人がここにいる」ということを、ことばや態度、行動などで伝えてあげる必要があります。

その子のこころの中に、そのメッセージをそっと置いておいてくるだけで、子どもたちはがんばりを続けられるようになるのです。

「あなたの変化に気がついているよ」ということは、年齢に関係なく伝えてあげてほしいと思います。

人はしんどいとき、幼い振る舞いでエネルギーをためる

物理的にも精神的にもいつもとは違う環境になり、ちょっとしたことで駄々をこねたり、甘えん坊になったりするようになった子もたくさんいると思います。

人は、しんどいときには、実際の年齢よりも幼い言動をすることがあります。そうすることでエネルギーをためようとするのです。幼児期に、妹や弟が生まれて「赤ちゃんがえり」と言われることもあるかと思いますが、それと同じです。これは、心理学の用語で「退行」と呼ばれます。

いつもより誰かに甘えたくなったり、いつもより駄々をこねてみたりします。私たち大人も、いつもならがまんできることができなくなってしまうこともありますね。

例えば、中学生でも、急にお母さんの膝にゴロンとしてみたくなることもあります。テレビを見ながら隣にくっついて座ってくることもあるかもしれません。そんなときは、「もう中学生なんだから」などと言わず、そっと一緒にいてあげてください。

そんな子どもたちはなかなか素直に表現してくれません。本当は「さわってほしい」「なでてほしい」と思っているときにも、違うことばが出てきます。

「ちょっと肩が痛いなあ」

「なんか背中が痛いんだけど」

「お熱があるかもしれないなあ」

そう家族に訴えかけたとき、「こうやって肩を伸ばすといいよ」といって運動の仕方を教えたり、体温計をパンと渡して「熱を測りなさい」と言ったりすることは、その子にとって求めている反応ではないことが多いのです。

「どうしたかな」と肩をさすってあげたり、おでこに手を当ててあげたり。子どもたちはそれだけで、ホッとするのです。いままで以上にそういうことに気を使ってあげる必要があります。大人だって、ちょっと誰かに甘えたいとき、ありますよね。

さまざまな方法で子どもに「ふれる」

このように、実際に子どもに「ふれて」あげることはとても大事なことなのですが、実際に接触することが難しいときもあります。いまも、「ソーシャルディスタンスをとるように」「三密を避けるように」と言われていますから、家族では接触ができても、学校の先生や近所の人たちとふれあうことはなかなか難しい状況です。

病院では、免疫力が低下しているなどの理由で家族も直接会うことができない子どもには、ほんの少しの時間でも、対面してかかわることを大事にしています。その子の状況によってできることは違ってきますが、何ができるかなと考えてやってみます。

部屋に入れないときには、ガラス越しに姿を見せてジェスチャーでかかわることもできます。カーテン越しに話しかけることもできます。タブレットや携帯を使って画面越しに話すことも良いのですが、やっぱり、お互いの存在を近くに感じることがいちばん大切だと思っています。

あるとき、秩父神社というところで『親の心得』と書いてあるものを見つけました。「赤子には肌を離すな」「幼児には手を離すな」「子供には眼を離すな」「若者には心を離すな」とありました。私は、これは『子どもにかかわる大人の心得』だと思いました。肌と手と眼とこころ。とってもいい距離ですよね。

肌や手が実際に「ふれる」だけでなく、目やこころでも「ふれる」ことができるとわかります。

その人が持っている暖かさや、漂っている雰囲気、二人の間の空気感などを感じることも含まれます。物理的な距離があったとしても、肌でふれるだけでなく、ことばをかけてふれる、眼差しでふれる、優しい雰囲気でふれる、一緒においしいものを食べてニコッと笑う、道で会ったら笑顔で手を振るなど、さまざまな方法で子どもたちにふれてあげてほしい。

視覚、聴覚、味覚、嗅覚などの感覚をフルに使って、ふれてあげてください。

誰かに「ふれる」こと、誰かに「ふれられる」ことは、人が生きていくため、成長・発達・回復していくために、とても大事なことだと私は考えています。

泣いたり怒ったりする子ども ネガティブな感情はどうすればいいの？

「どんな感情も持っていい」と伝える

子どもたちは、大人が正しいと思うことを一生懸命やりたいと思っています。自分が泣いたり怒ったりしたら大人が困ることは、子どもたちもよくわかっているのです。泣いてしまったとき、怒ってしまったとき、大人の期待に添えない自分をダメだと思ってしまうこともあります。

子どもの近くにいる大人は、その子がネガティブな感情を表したときにも、その感情を否定しないであげてほしいと思います。

とはいえ、子どもが目の前で泣き続けたり、ぷんぷん怒ってモノにあたっていたりすると、こちらも落ち着かなくなりますね。

「そんなに泣くことないじゃない」

「怒っても仕方がないからやめなさい」

なんとか目の前の子どもに落ち着いてほしい。そう願ってそんな声をかけていると、子どもは「悲しいことや嫌なことは言っちゃいけないんだ」と思い、ネガティブな感情は表に出せず、どんどん抱え込んでしまうようになることもあります。

先日、こんなお話を聞きました。小学校3年生のある女の子。学校が休校になっても家で落ち着いて勉強をして、文句を言うこともなく過ごしていたそうです。

でも、ある日突然、お母さんにこう言いました。

「誰かと会いたいよお。家族じゃない人と会いたいよお」

そう言って突然声を上げて泣き始めたと言います。お母さんはどうしていいかわからなかったそうです。

その子の中で、どんなことが起こっていたのでしょうか。

その子は、そのときはじめて悲しくなったのでしょうか。私はそうではないと思います。ずっと、「お友だちと会いたいな。誰かと会いたいな」と思っていたのではないでしょうか。そんな思いもありながら、おいしいご飯を食べてほっとしたり、好きな遊びをしてちょっと忘れたり、家族とかかわる時間で落ち着いたりしていたのかもしれません。

そうしてずっとずっとがまんしていたけれど、その日はもうがまんができなくなって、一気にあふれ出てしまった。

そんなとき、いちばん大事なことは、その子に安全と安心を与えることです。

「あなたがいま感じている気持ちは間違いじゃない」「どんな感情も持っていいんだよ」ということを伝えてあげてほしい。

「そっか、ずっと悲しかったのね」

「お友だちに会えなくてさみしいよね」

「お母さんもそういう気持ちになることあるのよ」

その子の気持ちを受け取って、安心させてあげてください。そして、それから、そのことを少しでも和らげるためにどんな方法があるか、手立てを子どもに渡してみてください。どうすればいいかを一緒に考えてみてください。

「じゃあ、誰に会いたい？」

「お友だちに、お電話してみようか」

「おばあちゃんにお手紙書いてみる？」

自分だけでは抱えきれない感情を誰かに伝えてもいい。そして、その感情をどう扱えばいいのかを、一緒に考えてくれる人がいる。そんなことを伝えてください。

感情の後ろの「願い」を見つける

子どもがネガティブな感情を表したときには、その感情の後ろにある願いを見つけてあげてほしいと思います。

怒っている子や泣いている子に寄り添うことは、大変難しいことです。「あっち行って！」と言われたら、嫌がられているような気がして、「じゃあ自分で勝手にしなさい」と言ってそっぽを向きたくなるかもしれません。泣いている子を見ると、「早く泣き止みなさい！」と言いたくなるかもしれない。

でも、その子の発したことばをそのままに受け取るのではなく、その子の感情の後ろにある「願い」が見えてくると、その感情を受け取ることができます。

感情の後ろには必ず「願い」がある。感情は、「願い」を人に伝える役割を持っているのです。その「願い」を一緒に見つけてあげることができれば、子どもたちは「どんな感情も持っていいんだ」と受け取ることができます。

それぞれの感情には、こんな「願い」があるのだと、東京学芸大学の小林正幸教授に

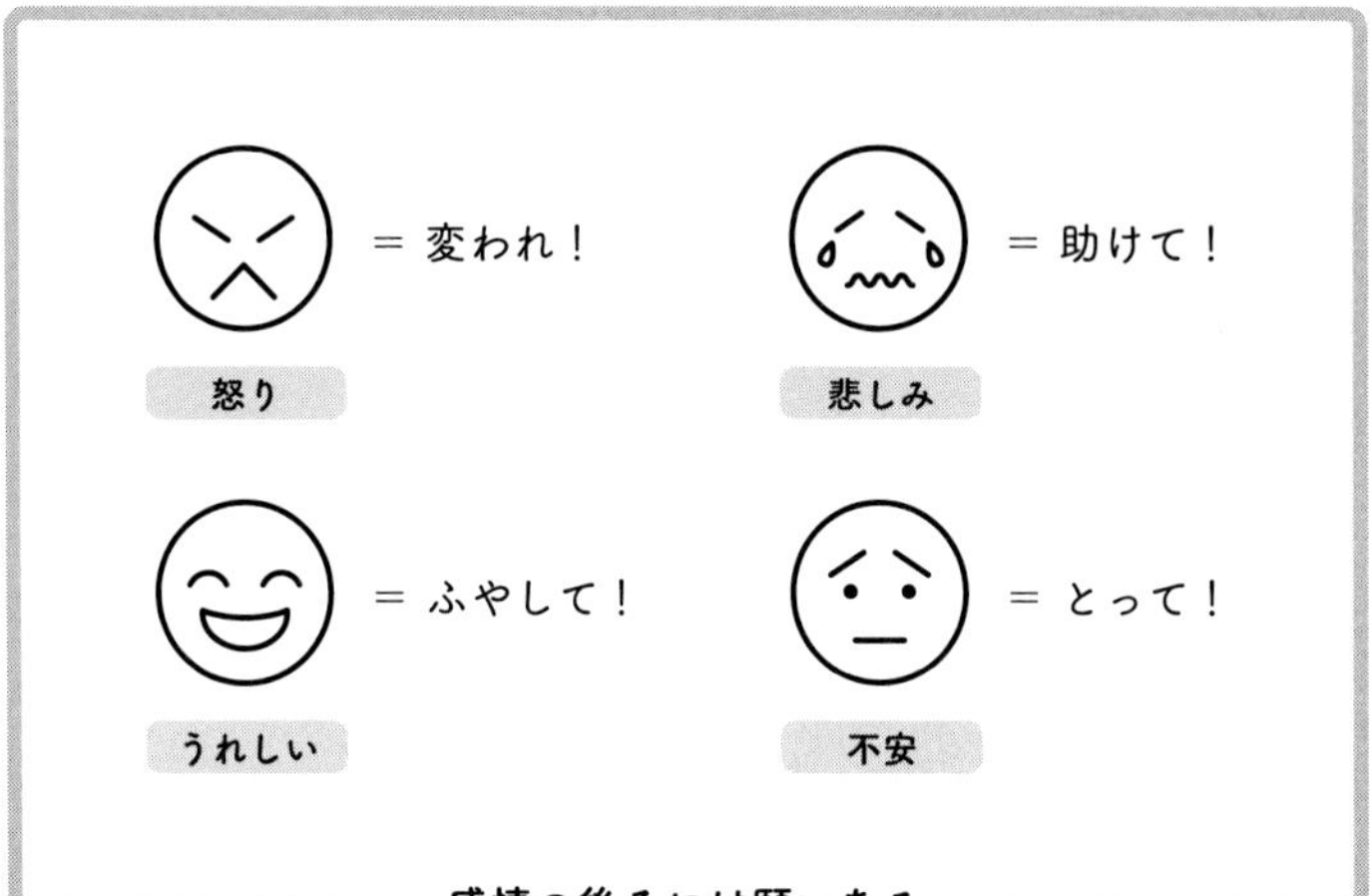

感情の後ろには願いある

教えていただきました。

怒り　　＝　変われ！
悲しみ　＝　助けて！
うれしい＝　ふやして！
不安　　＝　とって！

「怒り」は、この状況「変われ！」、相手に対して「変わって！」、理想の自分に近づけない自分に対して「変わりたい！」という願いです。

「悲しみ」には、誰かこの悲しみから「助けて！」「自分の不遇をわかって」「この悲しみを取り払って」という願いがあります。

「うれしい」も、実は願いです。「一緒に喜んで！」もっとこの「うれしい」気持ちを「ふやして！」という願い。

「不安」や、「心配」「怖い」などは、「早くとって！」という願いがあるのです。

「ポジティブな感情」「ネガティブな感情」と言われることもありますが、感情は「願い」を誰かに伝えるためのものですから、どんな感情も大切にしてあげてほしい。

目の前の子どもが怒っているとき、この子は何に「変われ！」と言っているんだろうと考えてみることができれば、「怒り」を持っている子どもの横にいることができます。

そして、その「願い」をことばにしてあげることができるといいですね。

家の中でイライラして怒っている子どもには、どんな「願い」があるのでしょうか。

「そうか、学校始まってほしいんだね」

「おうちにいるの飽きたよね」

「お友だちと外で遊びたいよね」

そんなふうに、その子の「願い」を受け取って、「じゃあ、いま何ができるか、考えてみようか」と、一緒に考えることができれば、その子の「怒り」はきっとおさまっていきます。こちらがことばにしてみて、間違っていたら、「違う！」とその子がきっと教えてくれるはずです。

「どんな感情も持っていい」とわかっていても実践するのはなかなか難しい

泣いている人を見ると腹が立つのはなぜ？

「どんな感情も持っていい」「感情の後ろにある『願い』を見つける」と頭でわかっていても、実践するのはなかなか難しいと思います。特に、家族など身近な人に対してはとても難しいかもしれません。

実は私も昔は、泣いている娘に「泣くな」と、きつく怒っていたのです。

私自身、小さいころはとても泣き虫でした。よく病気をして学校を休み、自分の意見もはっきり言えない子でした。

妹が二人いて、自然に女の子と話したり遊んだりしていたからでしょうか、「女の子」とあだ名をつけられたこともあります。世の中には「男の子は泣いてはいけない」という風潮があり、家でも「泣くな」と、たくさん怒られました。

そして私は、「泣いちゃいけないんだ」「つらいときほど笑わなきゃいけない」と思うようになりました。そのうちにだんだん体力もついて、がまんすることができるようになり、いつしか泣かなくなりました。

すると今度は、泣いている人を見ると腹が立つようになりました。大人になり、教員になっても、泣いている教員や子どもを見ると、胸のあたりがざわざわとして落ち着かないのです。

教員になったばかりのころは、卒業式で泣いている先生を見ても、「どうして泣く?」と思っていました。子どもたちに泣かれることが、本当に苦手な時期もあったのです。

自分の中に「怒り」や「悲しみ」がわいてきたときには、「あれ? 私は何を願っているのかな」と考えてみてください。あなたの「怒り」や「悲しみ」の奥に、あなたの本当の願いが隠れているのかもしれません。その「願い」に目を向けるようながすために、あなたの感情が動き始めているのです。

「私も泣いていいんだ」

入院中の子どもたちを見ていると、泣き虫をがまんしていたあの頃の私のような状況がよく起こります。

泣いているのを一生懸命がまんしている子は、泣いている子に怒りを向けます。ベッドで小学校高学年の子が泣かないようにがまんしているとき、隣のベッドで小さい子がワンワン泣いていても、「どうしたの？」とは言いません。「うるさい！　泣くな！」と怒ります。

いま思えば、私は自分が泣かないように一生懸命だったので、ほかの人が泣くことが嫌だったのだと思います。人が泣いているのを見ると、自分の胸のずっと奥のほうに隠しておいた泣き虫が出てきてしまいそうだから。

でも、そのときは、そんなことは全く考えもしませんでした。

その後、教員になって11年目、32歳のときに、教員をしながら大学院に通い始めました。そこで心理学を学び、ようやくハッと気づきました。「そうか、自分ががまんしたりがんばったりしていることを人にされるのが嫌だったんだ」とわかったのです。

それをきっかけに、「私も泣いていいんだ」と思えるようになり、泣けるようになりました。すると、人が泣いているのを見ることも平気になりました。

上の娘が5歳になったとき、私は、娘にこう言って謝りました。

「いままで、ごめん。泣くなって怒っちゃってごめん。お父さん、悪かったと思ってる」

娘はどうして急に謝るのだろうとキョトンとしていましたが、大人も間違えたときには、子どもに謝る必要があると思います。

実は、子どもに謝るということのエピソード、私をモチーフとしてドラマ化された『赤鼻のセンセイ』（2009年放送・日本テレビ水曜ドラマ・主演／大泉洋）の第一話でも描いてくださいました。

子どもがもしそのことにピンと来なくても、「一生懸命自分のことを考えてくれている」ということは伝わるはずです。

被害者意識や孤独感は人への攻撃につながりやすい

新型コロナによる緊急事態宣言が出たとき、「自粛警察」と呼ばれる人たちが話題になりました。私は、あの人たちも、もしかしたらつらい気持ちを抱えているのかもしれないと思わずにはいられないのです。

「自分はきちんとがまんしているのに、それをしないヤツがいるとはなんてことだ！」と思ってしまうのではないだろうかと。

教室でクラスが荒れてくるときや、いじめが起こるときもそうです。他の場所でがまんしている誰かが、周りの子どもたちに対して怒りを持って攻撃してしまうことがあります。

虐待もそうかもしれません。「がまんさせられている」という被害者意識や、「誰にもわかってもらえない」という孤独感は、人への攻撃につながりやすい。

自分の感情を素直に出せる相手のいない人は、その被害者意識や孤独感をまぎらわせるために、アルコールやギャンブルに走ってしまうこともあります。

自粛と言われていた時期にも、県境を超えてでもパチンコに並んでしまう人がいました。自分の中にどこか空っぽの部分があって、生きていくのが本当にしんどい人がいるのかもしれないと、私は考えました。

すべての人がそうではありませんが、虐待を受けた人が我が子にも虐待をしてしまうようになったとき、それを止めるのはとても大変です。その人は、親から暴力を受けていたことやつらかったことを、違うストーリーをつくって置き換えています。

「自分がいけなかったからだ」

「自分をきちんとした人間に育てたいから親はそうしたんだ」

「きっと愛情の裏返しなんだ」

人は、つらければつらいほど、自分の中に納得できる理由をつくらないと生きていけなくなります。そうすると、自分が親になって子どもに愛情を届けたいと思ったとき、愛情を届けるために手を出してしまうということがおこります。

そんなとき、「叩くのはいけないからやめましょう」ではその人には伝わりません。「あなたが親にされたことは、愛じゃないんだよ」と伝えなければならないときもあるのです。それは本当に大変な作業です。専門家と一緒でなければ、簡単に受け入れられないと思います。

その人のつらさや悲しさ、がまんしていることや人知れずがんばっていることを認めて、抱きしめてあげる人が必要でしょう。

乱暴なことばを言われたら子どもの感情や願いに焦点を合わせる

「死んじゃえ」「あの子嫌い」のことばの奥にある「願い」

私は、「どんな感情も持っていい」「感情の後ろにある『願い』を見つける」と教わり、自分自身も子どもの頃から抱えてきた「泣いちゃダメだ」という考えを手放すことができるようになってから、とても楽になりました。

泣いている子どもや怒っている子ども、誰かにひどいことばを投げつける子どもを前にしても、「この子の向こうにある願いはなんだろう」と思って、そばにいられるようになりました。

昔流行った、目の焦点をずらすと立体が見えてくるステレオグラム（立体視）のような感じです。どこにフォーカスするかで、その子の見え方が変わってくるのです。

私が赤鼻をつけるきっかけとなった映画『パッチ・アダムス トゥルー・ストーリー』

（1998年公開・アメリカ。ロビン・ウィリアムズが実在の医師パッチ・アダムスに扮したドラマ。医師であり、赤鼻をつけた道化師でもある）のなかで描かれていたのはこのことだったのかと、後になって気づくことになりました。

目の前でギャンギャン泣いている子の姿を通り越して、その向こうに焦点が合い始めると、その子の「願い」が見え始めます。怒っていること、泣いていることに、いちいち反応しなくて済むようになりました。

子どもの「願い」を引き出すには

講演会のとき、よくいただく質問にこんなものがあります。

「子どもに『死んじゃえ』『死にたい』と言われたら、どうすればいいのでしょうか」

ことばの意味だけにフォーカスすると、そばにいることは難しい。

そのことばの後ろにある「願い」は何かを考えたとしても、「死にたい」ということがその子の「願い」なのかと思ってしまいます。

焦らずに、そのことばをまず「感情」に置き換えてみましょう。

「死にたいくらい、つらい気持ちなんだね」

「あの子に死んじゃえって言いたいくらい悲しいんだね」

「いまとってもイライラしてるんだね」

まずその感情を受け止めて、その次に、感情の向こうにある願いを聞くのです。

「死にたくなるくらいつらいんだね。なにかいい方法はないかな。いい方法をほんとは見つけたいんだよね」

「あの子を見ているとそんなに悲しいんだね。あの子が目の前にいると落ち着かなくなるんだね。ちょっと向こうに行っててほしいのかな」

私は、受け取るのが難しいことばほど、まず「感情」に置き換えて、その後ろにある「願い」を聞き、そばにいるようにしています。

「あの子嫌い！　もう遊ばない」と子どもが言ったときも、「そんなこと言っちゃダメ」と反射的に叱るのではなく、まずはその子の感情を受け止めてほしいと思います。

「嫌だったのね。お友だちにはおもちゃ使ってほしくなかったのね」

そして、本人が落ち着いてきたら、その子の「願い」を言語化してあげるといいと思います。

「あなたもほんとはそんなこと言いたくないんだよね。あの子と仲良く遊びたいんだよね」

してもらっていない人は、それを誰かにできない

実は、大人だって同じです。

例えば、あなたが子どもにガミガミ怒ってしまったとき、「そんな言い方することないだろ！」とパートナーに言われたり、「そんな怒り方するあなたは好きじゃない」というメッセージを誰かに渡されたりしたら、あなたはどう思うでしょうか。

感情を否定され、その奥にあった「願い」を否定され、あなた自身を否定されたような気持ちになるでしょう。

そのとき、パートナーがあなたに代わって子どもにこんなふうに言ってくれたらどうでしょうか。

「お母さんがこんなに怒っているのは、あなたにこうなってほしいからなんだよ」

「お父さんこんなに怒っているけど、こういうことを嫌だと思ってるんだよ」

怒っているときも、悲しんでいるときも、あなたの感情を受け止め、その後ろにある「願い」を読み取り翻訳してくれる人がそばにいてくれたなら、きっと少し落ち着くことができると思います。

自分がそうしてもらっていない人は、それを誰かにするのは簡単なことではありません。子どもも同じです。

子どもを怒鳴ったり叩いたりしたとき、子どもがそこで学ぶのはこんなことです。

「怒鳴ることは人を嫌な気持ちにさせる方法だ」

「自分の意に沿わないことがあったら怒鳴っていい」

「納得できないときには叩いていい」

子どもは怒鳴られたり叩かれたりしたとき、なぜ叱られたかはよく覚えていません。

でも、嫌だった気持ちはよく覚えています。

大人も「助けて」を言っていい

他人を傷つけない子になってほしいのであれば、相手が自分の意に沿わなかったとき、その相手に対してあなた自身がどうかかわるかをその子に見せる必要があります。

親や先生は、その子たちにどうなってほしいかを、その子に見せるモデルです。そのためには、何よりもまず、自分の中に出てくる怒りや悲しみを渡すことのできる仲間を持つことです。「助けて」と言えるようになることです。

自粛やステイホームという状況は、大人だって本当に大変です。みんなとってもがんばっている。一人でがんばり続けることはできません。

私たち大人も「助けて」と声を上げ、まず自分自身が、パートナーや信頼できる人とお互いに支え合うことが必要なのです。ときには、専門家に頼ってほしいと思います。

新型コロナや大変な状況について子どもにどこまで伝えればいいの？

子どもは大人の変化を敏感に感じとっている

子どもたちは、自分の周りの大人の様子をよく見ています。大人の様子を見ながら自分の行動を変えています。大変な状況のときには、いろいろな感情を表に出す子どもたち以上に、感情を出せない子どもたちをよく見てあげてください。

いつも「いい子」にしている子どもたちは、大人が忙しそうにしていると自分のことはがまんします。大人がイライラしていたり不安な顔をしていたりすると、わざと明るく振る舞ったり、大人を笑わせようとしたりすることもあります。

大きな不安を抱えながら生きている子、大人の顔色を見ないと生活できなかった子どもたちは、大変な状況に置かれると、そうした傾向が強くなっていくことがあります。

病院で出会った子どもたちの中には、自分自身が病気になったときだけでなく、親やきょうだい、祖父母などの具合が悪くなったときにもそのような傾向が見られる子が多いように思います。

大人たちから、「子どもだから、病気のことは詳しく知らせないほうがいい」「まだ小さいから、病気のことを話してもわからないだろう」という扱いをされることもありますが、子どもたちはどんな年齢でも、「みんなの様子がおかしい」ということを肌感覚で感じとっています。

どんなに小さい赤ちゃんでも、いつも聞こえる声が聞こえないことや、いつも抱いてくれる人の感覚が違うなど、小さな違いを敏感に感じとっているのです。

そのまま「きっとわからないだろう」と何も知らせずに放っておくことは、その子の不安をどんどん増幅させてしまうことにつながります。

子どもがどこまで知りたいか、ていねいに確認しながら伝える

病気を抱えた子どもたちや傷つきのある子どもたち、喪失のある子どもたちに言えることは、すべての子どもたちに当てはまることかもしれません。

私が病院で出会った子どもたちに、病気についてどのように伝えているかをお話しし

たいと思います。

その子自身の病気や、家族のバッドニュースを伝えるとき、多くの人は、「大人がその子に伝えておきたいこと」「その子が知っておいたほうがいいと大人が判断したこと」だけを伝えようとするのですが、中心に考えるのは大人の価値観や判断ではなく、その子自身です。

大人だけで話し合って、「全部伝えなくていい」「知らせなくていい」「包み隠さずすべて伝えるべきだ」などと決めてしまわないことです。

その子がどこまでわかっているか、その子が何を聞きたいかをていねいに確認しながら進めていくことが必要です。私は、その子が何をどこまで知りたいかは、必ずその子自身にたずねるようにしています。

「お父さんの病気のこと、どこまで知りたいかな」

「いまなぜ入院しているのか、少しお話ししようか？」

家族の病気や、その子自身の病気について、どこまで知りたいかをその子にたずねます。話している途中で「やっぱり怖い」という表情が出てきたら、「怖いかな」「やめようか」と、その都度その子に確認します。

どうしても伝えたいことはどうやって伝える？

どうしても伝えなければならないことは、その子の発達の状態に応じて、使うことばを考えながらわかりやすく伝えます。子どもが疑問を持ったら、きちんと答えます。

「なぜお母さんは入院して帰ってこないの？」

「なぜ亡くなった人には会えないの？」

こうしたことは、その子に応じた話し方できちんと話をしていく必要があります。しかし、その子の許容量を超えることは言う必要はないと考えています。

許容量を超えるかどうかは周りの大人が勝手に判断するのではなく、その子の様子をしっかり見ながら判断します。その子を主語にして、主人公にして、どうやって何を伝えればいいかを考えます。

そして、誰から聞きたいかを本人に確認することもとても重要です。

「お医者さんから説明してもらったほうがいいかな？」

「お母さんから聞く？　お父さんから聞く？」

「お母さんも一緒にお医者さんに聞いてみる？」

話を始める前には、「これ以上聞きたくないと思ったら、手をぎゅっと握ったらいいからね」などサインを決めて準備をします。

救急救命室に子どもを入れるときも同じです。会う前は「会いたい」と思っていたけど、ベッドの上のお母さんを見た瞬間に固まってしまう子もいます。そのときは、「ちょっと外に出ようか」と声をかけます。

大人として「これが大事」「こうするべき」と考えることがあったとしても、「いまこの子はどう感じているか」と常に考えて、刻々と変わるその子の様子を常によく見ることが必要です。

受け入れるのが難しい問題のときほど、それを忘れてはならないと思っています。

ニュースやワイドショーを流しっぱなしにしていないか

例えば、新型コロナウイルスの感染により刻々と変わる状況について、皆さんは子どもたちにどのように伝えましたか。学校から子どもたちにこの状況をわかりやすく伝えるお便りが届いたかもしれません。ネットのサイトなどでも子ども向けにわかりやすい情報はまとめられています。

テレビのニュースやワイドショーなどを見ることが習慣になっている人もいるかもしれません。その場合には、ニュースやワイドショーを流しているとき、子どもがどんな様子でいるか、気をつけて見てあげてほしいのです。

大人がニュースを見ているとき、子どもは自分から「テレビ消して」と言うことはほとんどありません。

ニュースの内容がよくわからない子どもたちが受け取っているのは、それを見ている大人の様子です。大人の不安や悲しみを子どもたちは受け取っています。

なかには、バラエティ番組やお笑いの番組など同じものを子どもが何度も繰り返し見て、ニュースが見られないという ご家庭もありました。もしかしたら、その子はニュースを見るのが嫌だったのかもしれません。ニュースを見ると怖くなるので、何か楽しい番組を見たいと思っていたのかもしれません。

ワイドショーでは、著名人が亡くなったことをセンセーショナルに何度も繰り返し伝えていたこともありました。

「私のお母さんがあんなふうに亡くなってしまうかもしれない」「おじいちゃん大丈夫かなあ」と心配になってしまうこともあったと思います。それをことばにできず、ニコニコと遊んでいるふりをしていたかもしれません。

実は私も、失敗してしまったと悔やんでいることがあります。東日本大震災のときのことです。

地震が起こったとき、私は2人の小学生と一緒に院内学級の教室にいました。病院のエレベーターが止まったので、17階の教室に3時間ほど待機することになりました。

私は少しでも情報を得ようとテレビをつけました。全国の状況が伝えられ、津波の様子も放送されました。それでもしばらくつけたままにしていました。

途中でようやく私はハッと気がついてテレビを消して、「こういうときは人生を考えよう」なんて言いながら子どもたちと人生ゲームをしたり、ジェンガをしたり、余震で何度も揺れるたびにドアを押さえ、「サーフィンみたいだね」とおどけてみたりしました。

そのときは子どもたちも楽しそうにしていました。

しかし、テレビはこれまで見たことのない津波の様子を流していましたから、子どもたちはテレビを消した後もあの光景を忘れられなかったのではないかと思います。

しばらくすると、消防署の隊員が「目視させてください！」と教室に飛び込んできました。品川で石油タンクが爆発して、窓から煙も見えました。

きっとあの子たちは怖くてたまらなかったはずです。

教室ではどうにか耐えていた2人でしたが、エレベーターが復旧して自分の病室に戻った途端、布団をかぶって大泣きしてしまいました。あのとき、テレビをつけて津波の映像を何度も見せてしまったのは、あの子たちにとってよくなかったのではないだろうか。「どうする？　テレビ消す？」と、どうして聞かなかったんだろう。

実は、その映像を見たかったのは私自身だったのです。

子どもは自分から、「テレビ消して」とは言いません。大人はネットでも情報を取れるはずです。子どもたちの気持ちに関係なく、テレビから一方的に流れてくる恐怖をあおるような番組は、逃げ場のない子どもに見せるべきではなかったのです。

いまは報道も少し落ち着いてきましたが、また状況が悪くなってきたときや、大きな災害が来たときには、加熱することもあるかと思います。そんなときには、どうぞ子どもの様子をよく見てあげてください。

そして、大人がコントロールできるところは、子どもを主役にして考えて行動してほしい。あの震災の日の私の自戒も込めて、そう願っています。

第3章

学びに向かう前に

～安全・安心～

Safety

“不安”は、正体がわかると“心配”に変わる

姿勢に見える不安と心配

私は仕事として、病気を抱える子どもたちやその保護者の相談を聞く機会がたくさんあるのですが、その経験から、話をするときの人の姿勢についてあることに気がつきました。

椅子に座っているとき、背もたれに体を預けるようにしている、あるいは背もたれがなくても肩を落として身を引いているような印象のときは、不安を抱えていることが多いのです。

何かははっきりわからない、得体の知れない緊張感や怖さを抱えているとき、人は「不安」になります。無意識にため息をついたり、「どうしたらいいんだろう?」と、途方に暮れます。打つ手が分からないからです。

新型コロナウイルスについても、どんな病気かよくわからず、最初はみんな不安だったと思います。正体がわからないと、不安だからそこには近づけません。わからないものに前向きに取り組むことはできないのです。

それに対して、椅子に座っていても、少し体が前に傾き、私のほうにグッと近づいてくるような姿勢のときもあります。

「ねえ先生、この問題さ、どうしたらいいかなあ」

「退院してから、あの子のために何かできることはあるでしょうか」

そのようなときには、自分が困っていることや不安に思っていることの正体がわかり、何か対処法を知りたいと思っているときです。つまり、「不安」が具体的な「心配」に変わります。

「心配」には対処できるので、それに近づき、取り組もうという思いが湧いてきます。「心配だけど何かできることはないかな」「対処法がわからないので、具体的に教えてください」などと、気持ちが前に進もうとします。すると、不思議なことに姿勢も前のめりになるのです。

病気の場合、検査の結果が出るまでは、お母さんやお父さんも身を引いて話をされます。漠然とした不安です。結果が分かり、病気について理解が深まってくると、「私はどうしたらいいでしょう」と体が起きてくる。

正体がわかると、不安は心配に変わります。それは、子どもも大人と同じです。子どもの話を聞くときに、話しているときの姿勢にも気をつけて見ていると、その子が漠然とした不安を抱えているのか、何か困りごとがあってそのことについて心配しているのかを知る手がかりになると思います。

何かに取り憑かれたように勉強する子

入院中の子どものなかには、見ているこちらが怖くなるくらい勉強する子がいます。そんなふうに聞くと、「うらやましい」と思われる方も多いかもしれません。

でも私は、そんな子どもの様子を見ると、とても心配になります。そのとき、子どもの根っこにあるのは不安であることが多いからです。

入院していると、「自分は友だちから忘れられてしまうのではないか」「自分はみんなに置いていかれてしまうのではないか」「勉強も遅れてしまったらどうしよう」などいろいろな思いが混在して、自分でもなんだかわからないけれど、勉強していないと落ち着かなくなってしまうことがあるのです。

病院に持ってきたドリルや問題集を時間さえあれば開いている子や、塾の宿題を山のように積み上げている子がいたら、「不安を抱えているのかな?」と思います。

彼らは、どこかで勉強に対する不安を抱えている自分に気がついているはずです。でも言語化はできずに、黙々と勉強をしようとしています。

そんなとき、私はまずその子自身に「不安なんだ」ということに気がついてもらうにはどうすればいいかを考えます。

以前、小学校5年生で、院内学級でも病棟のベッドでも塾の宿題をずっとやり続けている子がいました。いつ見ても塾の宿題をしています。私はその子の様子を見て近くに行き、「あのさ、なんかしてないと不安?」とそっとたずねてみました。

するとその子は、手を止めて少し考え、「うん」とうなずきました。

「そうだよね、不安だよね」とやりとりをしているうちに、その子は心の内を話しはじめました。

中学校受験に対する不安、入院中に勉強が遅れてしまうのではないか、塾のクラス分けで落ちてしまうのではないか……。

その子は、さまざまな気持ちを抱えていました。それ以来、これまで誰にも打ち明けられなかったことをたくさん話してくれるようになりました。

不安な状態から意識が外に出る瞬間をつくる

その子は、それを機に、漠然とした不安を抱えながら何かに取り憑かれたように勉強を進めているときとはずいぶん変わっていきました。

その子の気持ちをゆっくり聞くことで、「いまこんなに勉強しているのは、根っこに不安があるからなんだ」と自分自身で気づくことができます。すると、不安をちょっと横に置いておけるようになるのです。

以前は長時間勉強をしていましたが、ただこなすように問題を解いているだけでした。マイナスの状態にある自分をゼロに戻そうとしているようで、全く楽しそうではありませんでした。

「勉強していない自分が怖い」「勉強しなかったらどうなっちゃうんだろう」という得体のしれない緊張感のなかで勉強をしていても、楽しいはずがありません。間違った問題をやり直す気分にもなれず、とにかく先に進めようとしていました。

しかしその後は、問題に取り組んでいるときの表情も明るくなりました。間違った問題にもう一度取り組むようになり、もっと知りたい、もっとわかりたいという気持ちが出てきたように見えました。

そして何より、ちゃんと遊べるようになりました。勉強以外のことに目を向けられるようになりました。一緒にトランプやジェンガなどを楽しむなど、切り替えができるようになり、楽しく過ごす時間を持つことに後ろめたさを持たなくなりました。

「あのさ、なんかしてないと不安？」とそっとたずねてみたことで、その子が変わるきっかけになったのですが、その声かけを誰にでもすればいいというものではありません。そのときのその子には、たまたまこの声かけがフィットしただけなのです。

そういうときに大事なことは、「自分が不安を抱えている」ということにその子自身に気がついてもらうにはどうしたらいいかなと考えながら、そっと声をかけることだと思います。

いまも、学校や塾から出されたたくさんの課題に追われている子どもたちがいます。受験に向けて追い込まれている子どもたちがいます。

もしお家や学校で、休むことも忘れて何かに取り憑かれたように勉強をしている様子があり、心配なときには、「勉強しすぎだからやめなさい」などと強引に止めるのではなく、ちょっと差し入れを持って行って声をかけてあげてください。

不安に飲み込まれている状態から、意識が外に出る瞬間をつくってあげるようなイメージです。

お菓子やジュースを持って行って、「ちょっと今日はがんばりすぎじゃない？」「いつもと違って今日はどうしたのかなあ？」「ちょっと休憩したら？」と声をかけてあげるなど、「あなたがいつもと違う様子に気がついて、気にしている人間がここにいるよ」と伝えてあげるだけでずいぶん違うと思います。

子どもが不安を抱えているときこそこころの安全地帯が必要

子どもが不安を抱えているときこそその子にとって心の安全地帯が必要

お父さんやお母さんに「今日はいつもと違うね。どうしたの」と声をかけられたとき、子どもはどんな反応をするでしょうか。

ことばというものはなかなか難しいものです。講演会などでは、私の声のトーンやその雰囲気で、どんなメッセージを伝えるかがわかりやすいのですが、同じ文章でも、声をかける人の気持ちやお互いの関係性によって相手への伝わり方がずいぶん変わってしまいます。

「今日はいつもと違うね。どうしたの」も、大まかに考えても二つの対照的なメッセージになって伝わると考えられます。

「あなたがいつもと違うことに気がついているよ」と見守るような気持ちで伝えると、

子どもは「自分のこと、ちょっと話してみようかな」と思うかもしれません。

しかし、同じことばでも、「あなたがしていることは間違いです」というメッセージが伝わってくると、「きっと分かってくれないから話しても無駄だ」と思うでしょう。

例えば、ゲームに没頭しているときに「今日はいつもと違うね。どうしたの」と言われたら、ゲームをするのはあまり良くないことだと思っている子なら、「あ、ごめんなさい」と言うか、何も答えず無視をするのではないでしょうか。

その子がいつもと違う様子のとき、それが勉強であってもゲームであっても、それがその子にとっていまどんな価値を持っているのかを理解したいという姿勢が大人には必要だと思います。

もし違う意味で伝わってしまったら、「ゲームが悪いと思ってるわけじゃないんだよ。それよりも、あなたがいつもと違うことが気になったんだ」と言ってあげると、子どもも「少し話をしてみようかな」と思えるかもしれません。

どんなことばをかけるか以上に、どんな気持ちを伝えたいかをしっかりイメージしながら声をかけることを大事にしたいですね。

引き出しからはみ出したものを整理して入れ直す

精神的な強いショックでこころが傷つくことをトラウマといいます。トラウマにより不安な状態になることがあります。トラウマのカウンセリングについて学生に説明するとき、私は記憶の引き出しの話をします。

トラウマになるような記憶は、その人にとって辛く、怖いものなので、できるだけ見ないようにして、ぐちゃぐちゃっと丸めて記憶の引き出しに入れ、無理やり閉めたままになっているのです。きちんとたたまれていない洋服が引っかかって引き出しがきっちり閉まらないことや、一部が引き出しからはみ出てしまうことがありますよね。ちょうどそんな感じです。

記憶が整理されておらず、何か刺激を受けたときに、辛かったことや怖かったことが時間や空間を飛び越えて思いがけず出てきてしまうこともあります。

そうやって閉めた引き出しは何が出てくるかわかりませんから、できれば開けたくありません。中身も見たくないのです。本人にとっては、びっくり箱のようなものです。何かが飛び出してきて、自分を驚かせるかもしれない。悲しくなってしまうかもしれません。一人では到底開けられないのです。

けれど、信頼できる人やカウンセラーと一緒なら開けることができます。

この人と一緒に開けてみようかなと準備ができたときに、合図が来ます。そして一緒に引き出しを開けます。引き出しをそっと開けて、ぐちゃぐちゃに丸めて入れた服を取り出し、一緒にたたみなおします。そこできちんとたたむことができれば、引き出しもきっちり閉めることができて、そう簡単には出てこなくなります。

これが治療的なかかわりです。

そうするときは、本人が引き出しを開けるこころの準備ができているかどうかを確かめながら進めなくてはなりません。

「不安かなあ？」「何か心配なことがあるのかな？」と言ったとき、どのような表情をしているか、どのように答えるかをしっかり受け取ります。そして、話を聞きながら、いまなら開けられるかなと思ったとき、「引き出しを開けて、たたんで、しまいなおす作業を僕も一緒にやらせてくれる？」とようやく言えるのです。

漠然とした不安を抱えていることに本人が気付くことができないと、そこから抜け出すことはできません。何かが引き出しからはみ出ていて、なんとなく目の端に入って気になっていても、何がはみ出していてどうして気になるのかがわからない。

自分が不安になっていることに気づくと、はみ出ているものは何か知りたいな、一度引き出しを開けてみようかなと思えるようになります。一度開けてきちんと整理して入れ直すと、必要なときがきたらまた引き出しを開けて、そのことに向き合うことができるようになります。そして、引き出しにしっかりとしまわれるので、普段はあまり気にならなくなるのです。

家族だけでは難しいこと、家族だから難しいこともたくさんあります。そんなときは無理に引き出しを開けようとせず、こころの専門家に相談していただければと思います。

その子にとってのこころの安全地帯をつくる

子どものことを「見守る」のは大事ですが、「見張られている」と感じると、お互いに過ごしづらいものです。院内学級でも、あえて子どものことを「見て見ぬ振り」をする瞬間をつくることもこころがけています。

病院、特に小児科では、ベッドの上はその子の生活の場であり、安全地帯だと考えます。どうしても動けない場合には仕方がありませんが、そうでなければベッドの上では痛いこと、治療をしません。血を抜いたり注射をしたり、消毒をしたりする場合には、ナースステーションの近くにある処置室などに移動して、そこで処置をします。「ベッドの上は、あなたにとって安全な場所だよ」と医療も保障しているのです。

私たちも、ベッドはその子のお部屋だと思っています。初めておしゃべりをしに行くときも、すっかり仲良くなってからも、病室に入るときやカーテンを開けるときには、「入っていい？」と必ずその子にたずねます。

お家の中でも、そういう場所があるといいですね。

個室がなくてもいいのです。その子の安全地帯をどこかにつくってあげてください。自分の机に向かっているときは、いきなりそこに入っていかない。ベッドの上で何かをしているときには、しつこく声はかけない。この椅子に座っているときは、この座布団の上にいるときは、このクッションを抱えているときはなど、なんでもいいのです。そこに戻るとその子がほっとできる場所、落ち着ける空間をつくってあげてほしいと思います。人が安全地帯になることもあるでしょう。

もちろん、そこにいるときは一切声をかけないとか、いないことにするとか、放っておくということではありません。「そろそろご飯よ」などの声はかけます。毛布にくるまっているときは、無理やりそれを剥がすのではなく、そっと頭を撫でてから話しかけるなど、その子の空間を大事にしてあげてほしい。こちらの都合で無理にそこから引っ張り出そうとしないことです。

そういう空間は、大人だって必要です。朝、トイレにこもって時間をかけて新聞を読むのが日課、お風呂で思い切り歌を歌って気分転換している、家族が寝てからゆっくり本を読むのが楽しみ、この映画が終わるまでは話しかけないで、など、大人はいろいろと工夫してそういう空間を自分でつくっていると思います。

子どもも同じように、誰にも邪魔されず、自分のしたいことをしたり考えごとをしたりする、安心できる時間や空間が必要なのです。

正体がわかって目標ができると「がまん」が「がんばり」に変わる

生活のリズムをつくり、誰かのために役立つことを

子どもたちの安全や安心を保障するには、体調を整えることや生活のリズムを整えることも含まれます。

子どもは学校が休校、大人はテレワークで仕事、などの期間が続くと、何時までに登校しなければならない、職場に行かなければならないという時間の制限もなくなり、親子ともに起きる時間が遅くなっていた家庭も多いと思います。そんなときには、まず起きる時間を設定するところからはじめてみましょう。

11時に起きている子に、突然、「明日から必ず7時に起きましょう」と言ってもそれは難しい。「何時に起きられそう？」と本人に聞いて、30分でも、1時間でも、その子のペースで少しずつ早めていきます。

朝起きる時間が早くなってきたら、その子ができる朝の仕事もあるといいですね。

家族のために役立っているという実感も、こころの安定につながります。ある程度の年齢になり、エネルギーがたまってきた子どもたちは、きっと自分も何か役に立ちたいと思っているはずです。

例えば自粛やステイホームなどで大変なときには、子どもたちにも、「みんな大変そうだから、家族のために何かしたい」という気持ちがあるかもしれません。

そんなとき、「じゃあ、何ができるか考えてみよう」と親子で一緒に考えられるといいですね。

「子どもはそんなこと気にしなくていいから勉強してなさい」「いいから、宿題やりなさい」というだけでなく、「お洗濯たたむの手伝ってくれる？」「お料理一緒にやってみる？」「せっかくの機会だから何かできるようになるといいね」「お掃除上手だね」というやりとりができるといいなと思うのです。

自分は家族の一員として役に立っているんだと思えると力が湧いてきます。

休校中や長期休暇中も、休みの日が必要

休校中や長期休暇中でも大事なのは、休みの日をつくることです。「寝坊していい日」「好きなことをする日」も忘れずにつくりましょう。ぼーっと過ごす日だって大事です。

例えば、我が家は、ステイホームの期間もカレンダー通りにしていました。土日、祝日は、好きな時間に起きていい。

「生活リズムが大切です」と言うと、毎日例外なく、きちんと同じ時間に起きなければならないと受け取る方も多いのですが、休みの日があることは、人としてとても大事なことです。そうでなければ、長く続けることは難しいのです。

実際には、そういう休みの日に限って、子どもは早起きしてゴソゴソ動き出します。学校があるときも、休日のほうがいつもより早起きして遊んでいますよね。

入院中の子どもたちも、病院にいると日にちや曜日感覚がなくなります。海軍は昔、金曜日のメニューはカレーライスだったそうですが、私の勤務する病院では水曜日のお昼ご飯は麺類が多いようです。

カレンダーに斜め線をつけたり、一日が終わったらシールを貼ったりしてもいいです

ね。日にちや曜日感覚を保てるようにしておくと、人が生きていくうえで大切な大きな緩やかなリズムが流れていることを感じられます。

お休みがあると、「今度の休日は何しようかな」「明日はお休みだから今日はもうちょっとがんばろう」など、メリハリができます。病院の中にいる子どもたちは、院内学級のある曜日を楽しみにしてくれています。

好きなことをする、体を動かす、自然にふれる

お休みの日には、ストレスや不安からできるだけ距離を置くことができるといいですね。ある精神科医によると、脳は一つのものに意識を向けるとほかのことへの意識が小さくなるそうです。

まずは、自分の好きなことをするといいと思います。好きなだけ絵を描く。大好きな人とおしゃべりを楽しむ。好きな音楽を聴く。本を読む。病院では、ベッドの上で、そうして過ごしている子どもたちをよく見かけます。

体を動かすのもとてもいいと思います。ラジオ体操をしたり、キャッチボールをしたり、散歩をしたり。スポーツでなくても、少しストレッチをしたり動ける範囲で歩くだ

けでも気分は変わります。体を動かすときには脳を使いますから、ネガティブなことから意識を遠ざけることができます。

そして、もう一つは、自然にふれることです。自然といっても、わざわざ遠くまで出かけなくてもいいと思います。身近にたくさんの自然があります。空や花を見たり、流れていく川を見たり、鳥や虫の声を聞いたり、風を感じたり。自然のものに意識を向け、身体の感覚を働かせて刺激を受けることで不安やストレスから離れることができるのです。

好きなことをする、体を動かす、自然にふれる。この3つはとてもおすすめです。

そういうことをヒントにおうちでできることをやってみましょう。

休みの日の楽しかった体験を持って、子どもたちは学校に行きます。好きなアニメやゲームの話、家族と出かけたこと、遊んだ話などを友だちと共有します。それをおもしろがってくれる友だちに会えることが子どもたちの楽しみでもあります。

休校などで友だちに会えないときや、おしゃべりが十分にできないときは、ぜひお家の人が子どもの好きなことに興味を持って話を聞いてあげてください。

私はいつも、入院中の子どもたちに質問し、ちょっかいを出しています。「そのポケモン強いの？」「へえ、それかっこいいね」などと声をかけています。

大人が友だちのように詳しく知っている必要はありません。「あなたが好きなものに私も興味を持っているので、教えてくれませんか？」という姿勢であればいいのです。

子どもたちはきっと、意気揚々といろいろなことを教えてくれます。自分が興味を持っていることに興味を持ってくれる人と話すのは、大人も楽しいことですよね。

「がまん」が「がんばり」に変わるとき

少し話は変わりますが、私は歯医者さんが苦手です。口の中に何かを入れられるのは私にとって拷問に近く、子どものころから歯医者さんに行くのが本当に嫌でした。

口に機械を入れられて、ウィーン、ガリガリと歯の治療をしているとき、「これいつ終わるの？」「どうしたらいいのこれ？」「うわ～っ」となって、その場から逃げ出したくなってしまう気持ちを必死でがまんします。

でも、「あと3分で終わりますよ」と言ってくれるとずいぶん落ち着きます。「あと3分で終わるんだ」「もうちょっとがんばろう」という気持ちになります。

この痛みがあと少しで終わると思えば、それまでとにかく「がまん」するしかなかったことが、自分の意思で「がんばれる」ようになる。終わりまでの期限やその正体がわかって目標ができると、「がまん」が「がんばり」に変わります。

今回の新型コロナウイルス感染による一連の出来事でも、社会の様子を見ているとそのことがよくわかります。漠然とした不安ばかりだったときには、とにかくいろんなことを「がまん」しなければなりませんでした。いつまで続くのか、本当に終わるのかと疑心暗鬼になっていると、不安はどんどん大きくなりました。

例えば、どんなに走るのが得意な人でも、運動場のトラックをぐるぐると走らされているとき、いつまで走るのかわからなければ嫌になってしまいます。

どれくらいの力で走るかを決められないからです。1周と言われれば全力で、10周と言われればジョギングのようにゆっくりと走るでしょう。あと半分、あと何周と考えながら、ゴールに向けてがんばることができます。

これは、病気で入院しているときも、膨大な課題を与えられたときも、先の見えない世の中の不穏な空気のなかでも同じです。

子どもが不安を抱えているとき、大人にできること

先が見えないときは、不安になります。そして、不安は際限がありません。考えれば

考えるほど不安は大きくなりますから、そこから逃げるために考えないようにしようと思考を停止してしまいます。これは自分を守るための術《すべ》です。

思考停止になると、誰かの大きな声に何も考えずに従うようになってしまう人もいれば、貝になって閉じこもってしまう人もいます。その不安を拭うためには、その不安の正体をつかんで目標を設定することが必要です。

子どもが不安を抱えているとき、大人ができることはなんでしょうか。

私は、その子にとっての安全地帯をつくり、その子がその不安から抜け出すための見通しを一緒に立てることだと思っています。そうすれば子どもたちも、自分のなかから「がんばり」を発揮することができるようになっていくからです。

「がんばり」は目標のためにやりたくないことをやる力です。本当はやだなぁと思っても、やらなきゃと思ってやる力です。

歩き始めの子どもたちが一生懸命歩くとき、「ここまでおいで」と「めあて」を設定してあげますよね。そして、もう少し歩けるなと思ったら少しずつ後ろに下がって「スモールステップ」で少しずつ距離を伸ばします。子どもが、もう座り込んでしまうという時には、すっと近づいて抱きかかえてあげて、「わぁ、よく歩けたねー。昨日はお椅子までだったけど今日はドアのとこまで歩けたじゃない」と言ってあげると思います。それが次の「がんばり」につながります。

「がんばり」に必要なのは、「めあて」と「スモールステップ」と、そして「適切な評価」、つまり闇雲にほめるのではなく、その「がんばり」を認めてあげることです。

病院の中でも、退院できる日がわかると、子どもたちは途端に元気になります。目標ができると「がんばり」に変わっていきますから、お医者さんには、ある程度の目標を子どもにも伝えてあげてほしいとお願いしています。

ただ、医療では間違ったことは伝えられないので、明確な日時は伝えられないときもあります。そんなときには、「この数値がこうなったら退院できるよ」「そのためにはこういうことをするといいよ」と伝えてもらいます。

いつもは注射や点滴を嫌がっていた子でも、「この注射、あと3回なんだ」「この点滴、これで終わり」というときには、嫌がらずに受けるようになります。その子が治療に向かうエネルギーにもなるのです。

その子の「がまん」を見逃さないために

「がんばり」は見えるけど「がまん」は見えない

いま、大人もずいぶん「がまん」していますから、そんな大人を見ている子どももも、とても「がまん」していると思います。

実は、「がまん」していることはとても見えにくいのです。一方、「がんばり」はよく見えます。何かを一生懸命やっている様子はよくわかります。「お掃除がんばってるね」「宿題そんなにしたの！」と声もかけやすいでしょう。

でも、「がまん」はどうでしょう。こころのなかで「本当は外に遊びに行きたい」「学校に行きたい」「学校がつまらない」など、いろいろな思いを抱えながら、それを「がまん」するためにゴロゴロしていたとしても、「がまん」するためにゲームで気を紛らわせていても、それはとても見えづらい。

お父さんもお母さんも、家のことやお仕事をしているんだから、あなたも、「自分の仕事の勉強やりなさい」「がんばりなさい」とつい言いたくなってしまいます。

「がまん」は外に見えないということを、私たちはもう一度捉え直したうえで、子どもたちを見る必要があると思います。

もしかしたらその子は、怒りや悲しみを一生懸命「がまん」して、ゲームをしながら時間の過ぎるのを待っているのかもしれないのです。

例えば、ぜんそくで一睡もできなかった子がいたとします。学校に来て授業中にうとうとしているとき、それを見た先生はどう思うでしょうか。

その先生が、その子がぜんそくの発作が起こることを知っていたら、「ああ、この子ぜんそくだもんなあ。台風が近づいているから、昨日は発作が起こって寝られなかったのかもしれないな」と想像できます。

そう思ったら、子どもにはこんなふうに声をかけられると思います。

「今日はよく学校にきたね。つらかったら保健室で寝てもいいからね」

でも、先生が何も知らなければ、「授業中に寝ているとは何ごとだ。みんながんばっているのに」と思って、「ちゃんと集中しなさい」「眠いのは夜早く寝ないからだろう」などと注意してしまうかもしれません。

「がまん」を見逃してしまうと、その子をケアすることばは出てこないのです。

「がまん」に気づくには大人もケアが必要

その子の「がまん」に気づき、その子をケアすることばを言えるには、前提としてその大人自身がケアされていることも必要です。子どもの不安を受け取る、それは並大抵なことではありません。受け取る大人も不安になるからです。

お父さんやお母さんが精神的に追い込まれていたり、何らかのストレスを抱えていたりすると、子どもの「がまん」に気づくことはできません。

子どもに対して、いつもと違う怒り方をしてしまうようなときには、自分自身がストレスを抱えて大変なのかもしれないと、自分にも目を向けてほしいと思います。

自分で気づくことは難しいので、夫婦でお互いに気づいたときに伝え合えるといいですね。また、一人が子どもに理不尽に怒ってしまったときには、もう一人は子どもの味方になるなど話し合っておくのもいいと思います。

「いつもと違う叱り方をしていたら、止めてほしい」

事前にそう話しておくこともよいと思います。

一人のときには、子どもに対してがまんできなくなったら顔を洗う、ちょっと外に出るなど、ひとまずその場を離れることです。

こうしたことは、いまのように感染症で大変なときだけでなく、小さな子どもを育てている家庭や、シングルで子育てをしている家庭などでは日頃から体験していたことかもしれません。病気を抱える子どもたちの世界でも、ご家族が追い詰められていくと起こってしまうことです。

新型コロナウイルスによる一連の出来事は、すべての人にとってはじめての経験で、すべての人が当事者ですから、これまでにない不安が出てきて当然です。

だからこそ「ケアする人のケア」が大切になります。

私たち大人も安全と安心の中で自分たちの話を聞いてくれる人をもつことが大事だと思います。大変になって身動きが取れなくなる前に、自分の思いを誰かに聞いてもらうことが必要です。

一切評価をすることなく、「ああ、そうなんだね」「そんなふうに思っていたんだね」「ほんとはそうじゃなかったんだね」と聞いてくれる場所があると、ずいぶん気持ちが楽になると思います。

ご自分を大切にしていただくために持っておくとよいのは、3つの「間」、「仲間」と「時間」と「空間」です。不安を聞いてくれる「仲間」、そして自分のなかのちょっと「黒い」ところも含めて手放せる「時間」や「空間」が必要です。

いままではなんとかできていたことも、どうにもならなくなってきているかもしれません。そんなときにはなるべく早く専門家の力を借りてほしい。学校のカウンセラーだけでなく、ぞれぞれの自治体ではメール相談やオンライン相談、電話相談ができるところもあります。早めに声を上げてほしいと思います。

「これが好き」「これがしたい」と自分の気持ちや意見を言えていますか？

「がまん」している子は手がかからない

学校など、たくさんの子どもたちがいるところでは、少し注意が必要です。「がまん」している子は手がかからないことが多く、大人は心配な行動をする子だけに注意を払いがちです。泣いていたり、怒っていたり、授業中に席を立ったり、暴れていたりする子にはすぐに気づくことができますが、静かに「がまん」していて訴えてこない子どもには気づくことができず、気づいても後回しにしてしまうことが多いのです。

私は、「がまん」している子も、よく見るようにこころがけています。

なかには、先生やお父さんやお母さんを不機嫌にさせたり、怒られたりするくらいなら、「自分ががまんしたほうが楽だ」という子どもたちもいます。

面倒なことに巻き込まれないためには「がまん」したほうがいいと「学習」し、そういう生き方を選び続けてきてしまった子どもたちです。

または、大人が喜ぶことをすると、周りの人たちに必要以上に評価され、ほめられ続けた子も同じようになることがあります。

そういう子どもたちは、大人にとっては「手のかからないいい子」、つまり、「大人にとって都合のいい子」になっていきます。優等生もそうなりがちです。

親や先生、周りの人たち、友だちから求められることを「自分の好きなこと」「自分がやりたいこと」として、どうにか適応してきた子どもたちは、「あなたの好きなことは何？」「何がやりたいの？」などと聞かれても答えることができません。

与えられたものをなんでも嫌がらずに受け取り、それをすることが自分にとってプラスだと思って生きてきたからです。

大人や周りの人の顔色を見て、素直に表現することをやめた子どもたちは、受け身で生きているうちに、自分のやりたいことが分からなくなっていきます。やりたいことよりも、周りの誰かが認めてくれることを優先するようになってしまうからです。

例えば病院で何かをして遊ぶとき、「何やりたい？」と聞いても、「先生決めて」と答える子がいます。「トランプとウノ、どっち？」と聞いても、「どっちって言ったほうがいいかな」と、大人の顔色を見て動く子もいます。

本人は、それを嫌だとか大変だとも認識しておらず、そうすることが自分の喜びだと思っていることがあるのです。

何をしたいのかわからない子どもたち

そういう子どもたちは、長期の休校期間や、するべきことがなくなったとき、何をしていいか分からなくなってしまったかもしれません。親や先生が喜んでくれるものが最高のものだと思って過ごしてきた子は、「なんでも好きなことをしてもいいよ」と言われると、身動きが取れなくなってしまいます。

「私は本当は何をしたいのかわからない」

そういう子どもたちが増えてきているような気がします。

そして、そういうときに限って、大人に「あなたの本当にやりたいことは何？」「やりたいことをやればいいんだよ」と言われます。きっと子どもたちは、「いままで自分で選んだことがないのに」「そんなの急に聞かれても、わからないよ」と戸惑うでしょう。

これまで「いい子」として生きてきた子どもたちには、まずはきちんと周りの大人が謝らなければならないと思います。そして、「あなたが大事だと思ってやってくれていることはうれしいけれど、あなたの人生を歩んでいくときに、自分の好きなことや、これが好きっていう気持ちを大切にしてほしい」と伝えてあげてください。

自分にアンテナを向けて育てる

「本来、子どもは大人の世界から守られて成長して生きていく必要がある。大人の世界からしっかりと守られて育っていると、自分の中にアンテナを向けることができる。自分が何をしたいか、何を感じているか、どうなりたいかがわかるようになる」

ある精神科医のこんなお話を聞いたとき、なるほどと納得しました。

まずは、自分にアンテナをしっかり向けて、「自分が何をしたいか」「何を感じているか」を大事にできるようにする。それができるようになると、友だちやほかの人も自分と同じだとわかります。一人ひとりがそれぞれにやりたいことがあり、何かを感じている大事な存在なんだとわかるようになります。

しかし、自分の世界がしっかりとできる前に大人の世界が侵入してくると、自分に向かって向けるはずのアンテナを自分の外に向けなければいけません。

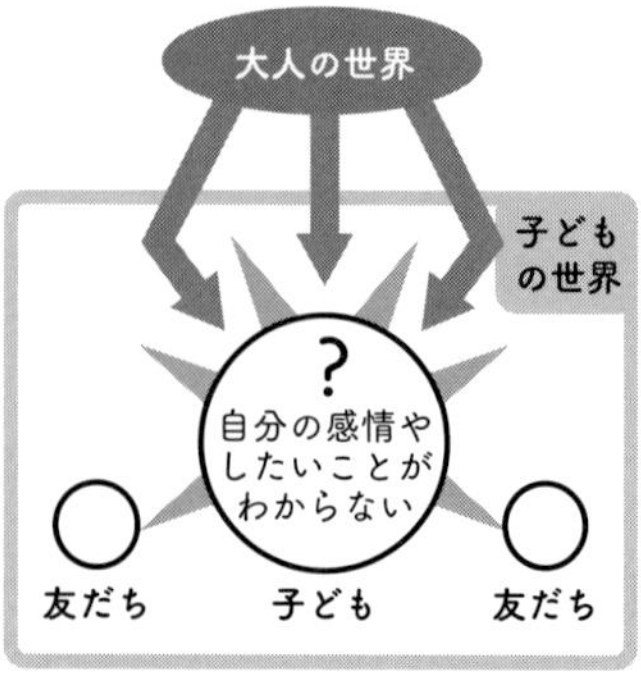

大人からの干渉が強いと自分に向ける
アンテナがなくなる。
友だちに対しても必要以上にアンテナ
を向けてしまう

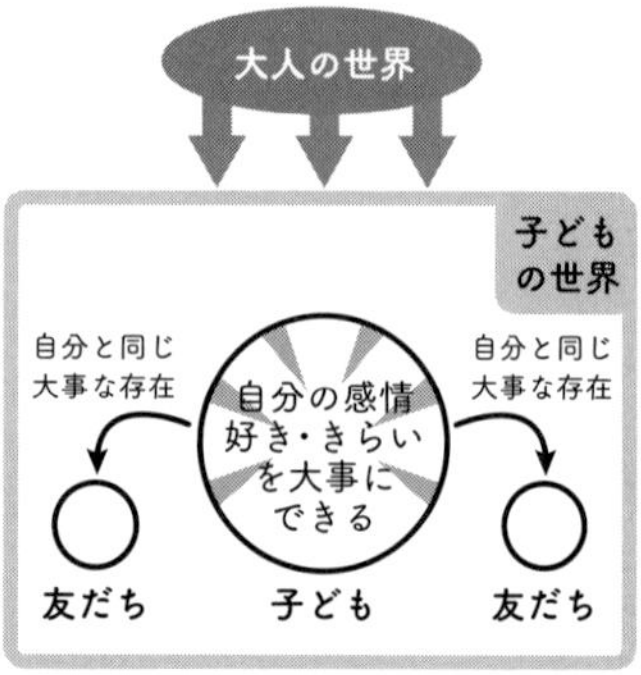

本来、大人の世界から守られ成長し、
生きていく存在。
自分を大事にできると友だちやほかの
人も大事にできる

すると、自分に向けるアンテナがなくなり、自分が何をしたいかがわからなくなってしまうのです。「どうすれば大人が喜ぶか」「どうすれば大人に気に入られるか」「お友だちが何を考えているか」「どうやったらそのお友だちに気に入られるか」という、外のことを優先して考えてしまうようになる。そして、自分がわからなくなります。

大人の世界が子どもの世界に侵入するのは、具体的には過保護や過干渉の状態です。虐待もそうかもしれません。

過保護は、子どもの手足を奪います。「危ない」「時間がかかる」などという理由で、子どもから手足を取り上げて自分で動けないようにしてしまいます。

さらに、子どもの脳を奪います。「言われた通りにやりなさい」と言われ、言われる通りにしていると、考える必要がなくなってしまいます。

入院している子どもたちとその保護者の間でも、過保護や過干渉はよく起こります。「お母さんがやってあげるからそんなことしなくていいの」「いまは余計なこと考えずに、治療だけに専念すればいい」と言われることは、子どもたちにとって手足や脳を奪われることにつながり、自分がわからなくなってしまうことにもなりうるのです。

学校の先生と生徒でも同じです。「言われたことだけやっていなさい」「決まりは何も考えずにとにかく守りなさい」では、自分で考えることをやめてしまいます。

つまり、子どもたちは、価値の基準が外に置かれることになり、周りの大人や友だちの価値基準に沿うように行動するようになります。

そういう子どもたちは、大人の様子を見て、大人が困らないように、大人に恥をかかせないように、友だちが嫌な気持ちにならないように、友だちが楽しいようにと、一生懸命アンテナを外に向けて、それに従うように過ごすのです。

そして、ふと立ち止まったとき、自分のことがわからなくなります。

一方、周りのことをあまり気にせずに自分の感覚や考えに意識が向いている子は、子どもらしいとはいえ、大人からすると腹が立つこともあります。わがままで自分勝手で、言うことなんて聞きません。友だちと喧嘩もします。でも実はそういう子は、自分がやりたいことや嫌なこと、嬉しいことをよくわかっている子なのです。

そういう子が友だちと一緒に遊んだり学んだりすることで、人とふれあいながら「自分の考えばかりじゃダメなんだ」という思いが生まれ、育っていきます。自分のやりたいことや自分の思いを大事にしてきた経験が、友だちのやりたいことや思いを大事にすることにつながります。

私は、それを体験できる場が学校だと思っています。本来、学校は、大人の世界から守られた空間の中で、子ども同士で育ちあう場なのです。

「僕はこう思っている」「私はこう考えている」ということにしっかりと向き合う時間は、すべての子どもの育ちにとって必要です。

子どものいまの感情や感覚を一緒に味わう

エネルギーがたまってくると自分で選ぶことができるようになる

自分の好きなことやしたいことを、自分で選んだり決めたりするには、とてもエネルギーが必要です。

元気なときには自分の気持ちを表現し、やりたいことをできている子も、病気や怪我、そしていまのように不安な状況が続くことでエネルギーが少なくなると、一時的に自分で選ぶことができなくなることもあります。入院したばかりの子も、自分のやりたいことを選べるエネルギーがない状態です。

子どもたちはいまを生きる存在です。例えば、目の前に水たまりがあれば、小さな子どもたちは靴がぬれることも気にせずに、バシャーンと入ってバシャバシャと水しぶきを上げて楽しみます。アリが道を歩いていたら、突然座り込んで観察します。

そんなとき、理由はさまざまですが、汚れるから、危ないからとそれをさせてもらえない子や自制している子どもたちもいます。

「汚したらお母さんに迷惑かけるかな」「道の真ん中で危ないかな」「風邪ひいちゃうかな」と考え、それをしない子どもたちがほめられることも多いかもしれません。

でも、それでは子どもたちにエネルギーがたまらない。

エネルギーをためるには、大きく2つのことが大事だと思っています。

すでに少し触れたことですが、一つは、その子のいまを大切にすること。難しいことではありません。その子のいまの感情や感覚を一緒に味わってあげればいいのです。

子どもがおいしいなって顔をしたら「おいしいね」。空を見て、ああきれいだなって顔をしていたら「今日は夕日がキレイだね」。何かを食べて変な顔をしていたら、「それ、くさいよね」「それ苦いね」。

あなたの感情はまちがっていないと伝えます。

体の感覚もそうです。子どもの痛そうな顔を見ると、大人はつい「痛くないよ、大丈夫」と言いたくなりますが、それは、大人が不安になるので言ってしまうだけのこと。その子は痛いのですから、まずは、「痛いねえ」と言ってあげてください。そしてその後に、「でも大丈夫だよ」と伝えてあげると子どもたちにはエネルギーがたまります。

そしてもう一つ、その子の実際の年齢ではなく、いま見えている年齢でかかわることが必要です。1章でも少しお話ししましたが、中学生でも突然甘えて膝に乗ってくるなど、5歳ぐらいのお子さんに見えるときもあると思います。そんなときは、もし5歳だったらもっと一緒にいるかな、優しいことばをかけるかな、背中をさすってあげるかな、などと想像してみるといいと思います。

心配はいりません。子どもたちはエネルギーがたまったら、大人からスッと離れていきます。そうやって子どもたちは充電し、自分の本来の年齢に戻っていくのです。

自分で選ぶ練習をスローステップで

少し元気になってエネルギーがたまる頃から少しずつ選択や挑戦の場を提供します。「何がやりたいかわからない」「好きなことがわからない」

そんな子どもたちにはスローステップでチャレンジできる状況をつくります。例えば、教室でも、自分で選ぶ小さな機会をつくっています。

「今日は、どっちのプリントからやる？」

「どこまでやったら終わりにしようか？」

そのときに大事なことは、子どもが決めたことに対して「え、それじゃあ少ないよ」「それでいいと思ってるの？」などとは言わない、そういう顔もしないことです。

「コーヒーと紅茶、どちらにしますか？」と聞かれて、「コーヒー」と答えたとき、「コーヒーはダメです」と言われたら、「じゃあ、最初から聞かないで」と思うのが当然です。そういうことを繰り返すと、自分で選んでも意味がないと思ってしまいます。

その子に「選んで」と言うときには、絶対に選ばせるものを誘導したり、無言で圧力をかけたりしないことです。選んでもらうときには、どっちを選んでもこころから「いいね」と言えるものを渡します。

最初は、選択肢を絞ってあげると選びやすくなります。「何がいい？」というオープンな問いかけは、選べない子にとっては難しい。「なんでもやりたいことをやってあげるから自分で決めなさい」と言われても、決めることはできません。

例えば、絵を描くとき、私はこんなふうにたずねます。

「この大きな画用紙と小さな画用紙、どっちがいい？」

「クレパスと色鉛筆、どっちにする？　黒の鉛筆だけで描いてもいいよ」

そして、もしいまこれを選んでも、途中でやめてもいいと伝えます。いちばんいいのは、大人も同じように選んで一緒にやってみることです。

「僕はどうしようかな。大きいほうと小さいほう、どっちがいいかな？」

「鉛筆で描きはじめたけど、やっぱりおもしろくないから、色鉛筆にしよう！」

大人や先生がこんなふうに、なかなか決められないところや、途中で失敗したり選び直したりしても大丈夫だと見せることで、子どもも選ぶことが怖くなくなります。選択肢を小さく簡単にして、途中でやめてもいいことからはじめましょう。

生きていくために必要な力とは

そしてもう一つ、とても大事なことがあります。大人がよく言うセリフに、「自分でやりたいって言ったでしょう」「自分で選んだのに」というものがあります。そう言われた瞬間、それは子どもが自分で決めたことではなくなります。「大人に言われてやらされているもの」「大人に言われたからやめられないもの」になってしまうからです。

これは、おやつや遊びなど日常の小さな選択から、習いごとをはじめたり受験をしたりなど、子どもにとっての大きな選択まで共通して言えることです。

院内学級の子どもたちは、年齢も違えば病気も違う。入退院を繰り返している子もいれば、初めて入院する子もいます。育ってきた環境や人間関係によって、その子によりスタート地点や立ち位置が違うので、何を学ぶかはさまざまです。

それでも私は、子どもたちみんなに共通して「生きていくために必要な力」を伝えたいと思っています。生きていくために必要な力は、「できる」「わかる」という社会的自尊感情を持ってもらうこと。そして、その前に何よりも大事なのは「自分は大切」という基本的自尊感情です。

一人じゃないよ
どんな感情も大事にしていいよ
助けてって言っていいよ

この3つを本当に伝えることができると、子どもたちは安心し、自分で学びはじめます。この3つを子どもたちにしっかり伝えることが、私の一番大きな仕事だと思っています。

「あなたを助けたいと思っている」ことを渡す

子どもたちのことばと気持ちはイコールではない

あるとき、中学生の子が私にこんなことを教えてくれました。

「べつに」って言ったときは、自分の気持ちがわからないとき。いまの気持ちにピッタリすることばがないんだよね。いろいろ聞かれると少しイライラするし、うるさいから、「べつに」って言うの。「なんでもない」って言ったときは、放っておいてほしいとき。先生のかかわりがいまの私に合ってないとき。「大丈夫」って言ったときは、本当は「自分でやってみたい」って思っているけど、それを大人に気を使って言うことば。でも、あんまり大丈夫じゃないかも。

その子はことばに対する感度がとても高い子でした。そう教えられて、私もなるほどなあと思いました。

子どもたちを見ていると、「やりたくない」と「やだ」の違いも少しずつわかってきました。

「やりたくない」と言ったときは、「やりたくない気持ちを聞いてよ」と言っている。だから、「やりたくない」と言いながらも、やりたくないと思っていることをたくさん受け取ってもらえれば、やるんです。

でも、「やだ」と言ったときはほかに気にかかっていることがあることが多い。算数の時間に「プリントをやろうか」と声をかけると、「やだ」と言うことがあります。そんなときはたぶん、手術が迫っていて気持ちが落ち着かない、お母さんと喧嘩してお見舞いに来てくれるか心配、退院がまた伸びちゃったなど、ほかに気になることがあるのです。

子どもたちは、ことばそのものと気持ちがイコールではないことも多いので、「そういうあなたを助けたいと思っているよ」ということを子どもに渡すことが大切です。

今日という日は誰にとっても初めての日

助けてほしいときに「助けて」と言うのは大人でも大変です。

子どもに「大丈夫」と言われると、大人はすっと通り過ぎてしまいがちですが、「大丈夫」と言われても、そこにちょっと立ち止まり、「何かできることあったら、いつでも言ってね」「手伝えることあったら言ってね」とちょっと置いておくようにしています。実際に「助けて」と言わなくても、そういう気持ちをそっと置いてもらった経験が子どもたちにとって力になっていくと信じています。

そして、子どもたちには、実際に「助けて」と言うためのスキルを伝えていきます。子どもたちの前で、私がほかの先生や子どもに「ちょっとここさ、わかんないんだけど教えて」と言ったり、看護師さんに「僕ではわからないので助けてください」と言ったりすることもあります。

「助けて」と言うと、少し悲しくなったり、人に助けを求める自分に不甲斐なさを感じてしまうこともあります。人に助けてもらっている自分はダメな人間だと考えてしまう子もいます。

誰かを助けてあげると助けるほうもうれしいこと、助け合うことや手伝ってもらうことはダメなことではないということを、いろいろな形で繰り返し渡していきます。

子どもたちのなかには、入退院を繰り返していたり、受験に失敗したり、たくさん怒られていたり、自分の理想に近づけなかったりして、「もうこれ以上失敗するわけにはいかないんだよ」「人に迷惑かけるわけにいかないから」と言う子もいます。

そういう子たちには、私はいつもこう言います。

「今日という日は、誰にとっても初めての日だよね。初めてなんだから、できないことだってあるよ。失敗することだって、うまくいかないことだってある。だから、助けて、手伝ってって言っていいんだよ」

この話をすると、「そんなこと言うと、この子のためにならないだろう」と言う大人がいます。きっとそういう大人たちは、誰かに「助けて」と言えないのだと思います。

子どもの「助けて」は最後通告かもしれない

例えばナースコールを押すとき、小さな子どもたちの中には、寂しくてピンポンダッシュのように何度も押すお子さんもいますが、中学生くらいになると、どんなに具合が悪くても押すことをためらうようになります。

ある子は、「家族に迷惑をかけているんだから、これくらいの痛みはがまんしなければいけないでしょ」と私に言いました。

「助けて」と言うことは、とても大変です。簡単には言えません。そうやっていつもがまんしている子どもが先生やお家の人に「助けて」と言ったときは、最後の通告だと私は思います。いじめや進路のことなどであればなおのこと、ギリギリの状況です。「助けて」と言っていいよと伝えることは、甘やかしていることではないとはっきりと言いたいのです。

大人も同じです。大人も「助けて」と言っていいし、「手伝って」と言っていい。大人も助け合っているという姿を子どもたちに見せていい。私はそう思っています。

第4章

子どもたちが動き出すとき

～挑戦・希望～

Challenge/Hope

セイフティ・チャレンジ・ホープ

子どもにかかわるとき思い浮かべる3つのステージ

私は子どもたちとかかわるとき、3つの大きなステージを思い浮かべます。

それは、「セイフティ（安全・安心）、チャレンジ（挑戦）、ホープ（希望）」です。

まず、3章でもお伝えしてきたセイフティ。子どもたちにとって、こころも含めた安全で安心な環境が何よりも大切です。

子どもと接する大人たちにできることは、その子自身が、何かに、もしくは誰かに必要以上に気を使ったり、遠慮したり、怯えたりすることなく、安心して自分を表現し、自分の意見を持つことができる環境を整えることです。

そもそも、そうした環境が整えられなければ、子どもたちが自由に動き出すことは難しいでしょう。セイフティな環境が整って、はじめて子どもたちはチャレンジができるようになっていきます。これは学びでも遊びでも同じです。

しかし、私たち大人は、「その子のため」を思うほど、そうしたセイフティやチャレンジを飛ばして、ホープ（希望）を口にすることが多くなってしまいます。

入院したばかりで体力もまだあまりなく、自分自身の感情を表現できずにいるときに、「退院したら何したい？」とたずねても、先のことは考えられません。

いじめや虐待を受けたとき、災害の被害にあったときなども、こころに大きな傷を抱えてしまうことがあります。今回のように、未知の感染症によって世界中が不安に包まれたことでも、子どもたちは傷を抱えているかもしれません。

しかしそんなときにも、希望を持つようにと促されることがあります。

「早く治りたいでしょ？　退院したいでしょ？　それなら、いま何をするべき？」

「将来は何をしたいの？　そのためにいま何をすればいいと思う？」

希望は「いま」の充実からしか出てこない

子どもたちは、エネルギーがたまっていくと自然に希望に向かえるようになりますが、エネルギーがないときには、いまを生きることで精一杯。先を見ることはできません。明日のこと、将来のこと、これからの希望などは、「いま」が充実しないと、その子自身からは出てこないのです。

これは、入院している子どもだけでなく、どの子にも言えることです。

目標をたずねられ、本気で答えられる子は、きっととてもエネルギーがあり、「いま」が充実しているはずです。

なかには、どう答えると大人が喜ぶかを考えて答える子もいます。本当は「ユーチューバーになりたい」「アイドルになりたい」と思っていても、「学校の先生」「お医者さんかな」「公務員がいいよ」などと言っておけば、大人がそれ以上何も言わないだろうと計算しているのかもしれません。

そして、「わからない」と正直に答えても、さらに「夢を持ったほうがいいよ」「目標を立てて計画的に過ごさなきゃ」とアドバイスをされることもあります。

本当のホープ（希望）は、人から与えられるものではなく、自分のエネルギーがたまったときに、自分の中から出てくるもの。私はそう思っています。

セイフティな環境で、何度も繰り返しチャレンジしているうちに、その子が自ら抱くものがホープなのです。

セイフティ（Safety）、チャレンジ（Challenge）、ホープ（Hope）の頭文字「SCH」は、「School」の最初の3文字でもあります。学校は、本来そのような場所なのかもしれないと私は考えています。

まずはセイフティな仲間と場が必要

院内学級では、その子の安全を確保して、大丈夫そうなら教室に来てもらいます。そして、少しずつ自分で選択することや挑戦を増やして、安心できる仲間たちのなかで失敗もしながら、成功体験もたくさん重ねていくうちに、ようやく子どもたちから「今日は楽しかったね」ということばが出てきます。

そして、「明日は、このお絵かきの続きやりたいな」と、明日のこと、希望（ホープ）について話せるようになっていくのです。

院内学級は学年もバラバラです。しかし、私は、院内学級の様子を見ていると、学年はあまり関係ないと思うようになりました。学年や年齢が違っても、興味関心が近い子や、使いこなす語彙が似ているということが一緒にいて楽な要素のようです。

自分自身のエネルギーがないときには、例えば中学生でも、同じ中学生よりも小学校

4年生の子と話しているほうが楽しそうに見えることがあります。

これはことばで伝えにくい部分なのですが、趣味や話題が全く同じでなければならないということでもなく、うれしいときの反応が近いことが重要なのかもしれません。

例えば、ある子がとてもおもしろいことがあったときに、こう言ったとします。

「ねえねえ、これすごい、おもしろいでしょ？　おもしろいよね！」

とてもうれしくてはしゃいでいるときに、静かに「ふうん。いいんじゃない」と冷静に返されるのと、「すご〜い！　おもしろいね！　見せて！　見せて！」と一緒に盛り上がってくれるのとでは、ずいぶん気分が違います。

無理に合わせてもらうわけでもなく、近しい気持ちで自然に一緒にワイワイできる仲間がいると、うれしい気持ちが倍増します。

これは逆の場合も同じです。そんなにワイワイはしゃぎたくないよ、と思っている子にとっては、あまり騒がれると「うるせえよ」と思ってしまうこともある。お互いのテンションが同じくらいの仲間がいることでほっとすることができ、自分らしく無理せずそこにいることの助けになるのだと思います。

院内学級では、学年や年齢を超えて同じ教室で過ごすので、学年や年齢を気にせず、それぞれに気の合う仲間ができていきます。

通常の学校では同じ学年の同じクラスの中で、友だちのテンションに合わせることに必死になっている子どもたちもいます。それは本当に疲れることです。子どもたちのこころはすり減っていきます。

通常級の担任をしていた頃、クラスの中でグループができ、同じようなノリを求められ、無理をして合わせているようで心配になる子がいました。

このグループを外れたら一人ぼっちになってしまうという怖さは、子どもにとっては切迫した問題です。

子どもたちの生活時間のうち、学校にいる時間はそのほとんどを占めています。クラスとは別の居場所があり、わかってくれる仲間や先生がいると、その気持ちは少し和らぎます。

価値観の「ものさし」は一つではないと感じられる他の場所を持つことが必要です。

塾の成績によってのクラス分けなども、うまくいっているときには励みになるかもしれませんが、その子の価値観を位置づける「ものさし」が一つだと、そこから少し外れただけで、とても苦しくなると思います。

その子が好きなこと、何か夢中になれること。人と比べずにそんなことができる場があるとずいぶん違ってくるのではないかと思います。

安心して失敗できるからこそ一歩先のことにチャレンジできる

失敗してもやり直せばいい

安全で安心できる環境が整って、無理せずに自分を出せる仲間がいるところでは、失敗することへの怖さがなくなっていきます。

入院している子どもたちは、病気になったり怪我をしたりしたことを失敗だと捉えることが多く、「自分はダメなんだ」と思い込んでいることがあります。

何らかの傷つきを抱え、はじめからチャレンジすることをあきらめたり、チャレンジしても、うまくいかないとすぐにあきらめたりする子どもたちも多いのです。

しかし、チャレンジには失敗がつきものです。失敗を避けていてはチャレンジができなくなってしまいます。

私は、学習や遊びを通して、「失敗してもやり直せばいいんだよ」「失敗はチャンスなんだよ」と伝えるようにしています。

最近は、効率よく目標を達成することがよしとされ、失敗することを無駄だと思い込んでいる子も増えていますが、安心できる仲間たちの中でチャレンジをして、失敗ができるようになることはとても大事な体験です。

自分でやってみて失敗し、試行錯誤しながら成功にたどり着く経験を、小さなことから繰り返し積み重ねていくことで、子どもたちは自信をつけていきます。

そのためには、大人が失敗を見せることも必要です。子どもたちは大人が失敗するのを見ると、ちょっとうれしそうです。それが先生ならなおのこと。

「先生でも失敗するんだね」

「先生も間違ったりするんだ」

ニコニコしながら私の失敗をみて、失敗をしたときにどうするか、興味津々です。

私は子どもたちの前で、こんなふうに言うこともあります。

「あ、これ漢字で書くとどうだったっけ？　みんな知ってる？　知らない？　じゃあ、一緒に辞書引いてみようか」

「あれ、うまくいかないなあ。みんなに手伝ってもらおうかな」

失敗したとき、間違えたときがチャンス。そこから何かを学んだり、新しいことを知ったり、仲間に助けてもらったりできる。教室に長く通う仲間たちが、失敗しながらもチャレンジする姿を見ることも大事です。

そんなモデルを見ることで、「失敗はチャンス」と思えるようになっていきます。

信頼できる仲間がそばにいること

安全で安心できる環境にいると、子どもたちは、周囲の人に優しくなります。

周りにきつく当たり手を出してしまう子は、その子自身が不安な状態にあり、戦わざるを得ない状況に置かれているということです。

例えば、日常的に虐待を受けている子は、名前を呼ばれただけでもビクッとします。大人が自分の鼻をかこうと手をあげただけで、「ウワッ」と言って逃げる子もいます。自分を守るために必死に生きてきたのだろうと思います。

自分がすることを常に誰かと比べられたり、否定されたり、止められたりしたことが多い子も、自分を守るために都合の悪いことを人のせいにすることがあります。

そんな子どもたちに対しては、ていねいにメッセージを渡していきます。

「先生は比べたりしないよ」

「ここではあなたは否定されないよ」

繰り返し、繰り返し、ことばだけでなく態度で渡していくことで、少しずつその子のこころがほぐれていきます。

院内学級でさまざまな感情を表すことができるようになり、安心して過ごすことができるようになった子どもたちは、新しい子が教室に入ってきたとき、その子のことをとても大事にできます。

失敗や成功を積み重ねるときにもひとりぼっちではなく、そこに誰かがいてくれる状況があると、失敗にもそれほど傷つかずに済み、成功も喜びも誰かと分かち合えるようになります。

「あぁ、今日楽しかったね」という気持ちは、一人で感じるよりも、仲間たちと一緒のほうがより楽しいものです。チャレンジの次の段階、自分の中から生まれるホープを持つためには、そうした仲間との時間が大切です。

院内学級では、子どもたちの人数が少ないので、私や先生たちもその子の仲間として一緒に体験していきますが、本来は子どもたち同士がそうした体験を重ねることが大事です。そうした仲間と出会えることも、私は学校のよさだと思っています。

「学校に行きたくない」「ひとりぼっちでいい」。そう言う子どもたちは、きっと、学校で辛い体験をしたのだと思います。学校が安心できる場所ではないのです。

私は、本当にひとりぼっちがいいと言う子には、まだ出会ったことがありません。人とかかわるのが得意ではない子も、大勢の人と一緒にいるのは嫌だとしても、きっと本当はひとりぼっちでいたいとは思っていないのです。

大人でも、年齢が違っても、誰か一人でも信頼できる仲間がそばにいてくれたなら、喜びは大きくなるはずです。

「誰かに助けを求めても大丈夫」と思えることが必要

信頼できる仲間ができてくると、「これ一緒にやらない？」とお友だちに誘われたり、「わぁ、あのお兄ちゃんすごい」と憧れの対象を見つけたりすることで、「やってみたい」という気持ちが自然に動き出します。

いままでなら、「どうせできない」とあきらめていたことも、がんばってチャレンジしてみたいと思えるようにもなります。

そのためには、「失敗してもいい」「誰かに助けを求めても大丈夫」と思えることが必要です。

うまくいかなかったときに、「あれ、うまくいかないなあ」「どうやったらうまくいくの？」と助けを求めることができ、教えてもらったり手伝ってもらったりできるからこそ、安心して一歩先に踏み出せるのです。

もうちょっとがんばってみる。やったことのないことにも挑戦してみる。それができるのは、誰かがそばにいるからだと思います。

院内学級に通い始めたばかりで、自分よりも年上のお兄ちゃんが難しそうなパズルをしているのをじっと見つめていた子が、「このプリント終わったら、あのパズルやってみたい」と言ったとき、私は「あ、一歩を踏み出そうとしてる瞬間だなあ」と思います。その子にとって、それは大きなチャレンジなのです。

目の前の高い台に登るとき、上で待ってくれる人がいる。そして、自分の横に、下にもぐりこんで支えてくれる人や応援してくれる人がいると、がんばれます。

院内学級は、そんな教室でありたいと思っています。そして、どんな学校も、そうであってほしいと願います。

「今日は楽しかった」が「明日はもっとこうしたい」というホープにつながる

「楽しかったね」を一つ一つ重ねたい

院内学級の子どもたちは、「今日は楽しかった」ということばが出るようになると、少しずつ明日の話もするようになります。

「先生、明日もお話聞いてね」

「明日は将棋負けないからね」

そんな声が聞こえてくると、私はうれしく思います。その子の中に、「明日はもっとこんなふうに楽しみたい」「明日はもっとがんばりたい」という意欲が出てきた証拠なのです（でも実は少しさびしくもあります。退院が近づいているわけですから）。

入院している子どもたちのことを考えると、体調も良くなってきていることがよくわかるときです。

治療が進み、エネルギーがたまってきたら、「今日楽しかったね」とその子が感じられることを、一つ一つ、できるだけたくさん積み重ねられるといいなと思います。

院内学級は、絶対に来なければならない場所ではありません。

「今日はちょっと体調が悪い」

気分が乗らないときには、そう言えば行かなくて済む場所でもあります。でも私は、できるだけ子どもたちにきてほしい。

「あそこにいくと、楽しい」

「教室に行ってみんなに会えるとエネルギーがたまる」

入院中の子どもたちが、そんなふうに思える場所にしたいと思っています。

本来、学校はそういう場所であったはずです。子どもたちにとって、学校がエネルギーをためる場所でした。未来に向かっていくためにここは自分にとっていい場所なんだと思ってもらえる場所であってほしい。

新型コロナウイルスのような心配事があっても、学校で友だちに会って思い切り遊ぶと忘れられる、休み時間が少なくても、「もっと遊びたいよね」と仲間と言い合えば発散できる、大声で話せなくても、友だちや先生とニコッと笑い合えるだけでうれしくなって学校に行くことが楽しみになる、そんな子どもたちもいるはずなのです。

「先生に会うと元気が出るから、先生に会いに行く」

「飼っているウサギに会いに行く」

「鉄棒するのが楽しみ」

友だちとの関係だけでなく、勉強でもなく、きっかけはなんだっていいのです。

その子なりの楽しみにプラスして、先生が声をかけてくれることでさらにうれしくなり、また行きたいと思ってもらえたらいいなと思います。

3段階を螺旋階段をのぼるように少しずつ進む

セーフティ・チャレンジ・ホープの3段階は、一度積み上げたら絶対に揺るがないというわけではありません。元気になってきたな、動き出してきたなと思っていても、またふとしたことで元気がなくなってしまうこともあります。

この3つをぐるぐると回りながら、螺旋階段をのぼるように少しずつ前に進んでいく。私たちは、この子はいまどこにいるのかなと考えながら、かかわっていきます。

その子が前に進めなくなってしまっているときは、自分をダメだと思ってしまう「否定的な自己イメージ」が邪魔をしていることがよくあります。

そんなとき、その子が自分を否定的に見ているのはなぜかを考えます。

「僕は頭が悪いから勉強ができないんだ」

「私は家族の役に立たない。みんなに迷惑をかけている」

「お父さんやお母さんに愛される価値がない」

「どうせ一人ぼっちだから」

それぞれの子どもたちに必要な肯定的なイメージをその子が持てるようになるには、どうすればいいかを考えます。その子が持っているイメージの反対を考えるのです。

頭が悪いの反対は、自分は賢い。

役に立たないの反対は、自分は役に立てる力がある。

愛されていないの反対は、自分は愛される価値がある。

一人ぼっちの反対は、自分は認められている。

そんなふうにその子が感じられるようにするには、どうすればいいかなあというのが、私たちのかかわりの入り口です。

それを見つけるためには、その子をよく見ていないとわかりません。その子の声をしっかりきかないとわかりません。自分一人ではわからないこともあります。

私自身も、その子を知る仲間に聞いたり助けてもらいながら、そして、その子自身にも何気なく聞きながら手探りでかかわっていくのです。だから、こういうときはこうすればいいというノウハウはありません。先生だから、経験が多いから、自分の見立てが合っているとも限りません。

例えばこんなこともありました。

この子は、友だちに認められたいんだなと見受けられる子がいました。けれど、院内学級でみんなとの関係ができてきてもダメでした。そうしたら、ある日、通っていた学校の友だちからお手紙が来たことで、その子は急に元気になりました。

以前こうだったから、きっとこうだろうという経験からの思い込みが強すぎると、なかなかうまくいきません。経験の多い先生よりも、何も手立てを持っていない若い先生のほうが、子どもたちと深くかかわれることもあるのです。

手がかりのない中で目の前のその子だけをよく見て、試行錯誤しながら必死にかかわっている大人の姿を、子どもたちもよく見ています。

例えばAくんが困っているとき、若い先生がもうこれ以上手立てがないとなって困っていると、子どもたちがそれに気づいて動きだしました。「先生、しょうがねえな。俺に任せろ」とでも言うように、BくんやCくんがAくんにかかわってくれたのです。

お父さんやお母さんも同じだと思います。親が子どもの全てを解決しなければならない、親しか解決できないと抱え込むのではなく、いろんな人に相談し、助けられながら、その子にかかわり続けることで、何かが動き出すことがあるのだと思います。

子どもの行動には必ず理由がある

子どもたちの行動の背後には、必ず理由や意味があります。でも、私たちに見えるのは、ことばや行動で表現されたものだけで、こころや頭の中にある理由は見えづらいのです。こころや頭のなかにあることとは、感情や思考と言ってもいいでしょう。この感情や思考を見ることは、なかなか難しいことです。しかしもし、それを知ることができれば、その子を深く理解することにつながります。

理解にも大きく二つあると言われています。

1つは、外側からの理解です。これは、事実からデータをとり、対応を決めるためのものです。評価や診断に必要で、何かを教えたり治療をしたりするためにも欠かせません。

もう1つは、内側からの理解です。その出来事が自分の身にあったとしたら何を感じ何を考えるだろうかと想像をめぐらせることです。事実から思考や感情を見つけていく、「共感」や「思いやり」といわれるものでもあります。

「共感力」にはどんなことが必要かということを、心理学者であるマーク・H.デイヴィスさんが著書『共感の社会心理学』に4つにまとめています。

❶困っている人を放っておけない力
❷他人の苦痛を自分の苦痛のように受け止める力
❸相手の立場に立ったものの考え方を取り入れようとする力
❹その出来事が自分に起きたとしたら、自分だったらと想像する力

共感するためにこの4つの力が必要だと言われていますが、感情の程度は自分以外の人のことは、なかなかわからないものです。悲しそうだな、苦しそうだな、つらそうだなということはわかっても、どんなに大好きな人でも、どんなに愛する人でも、どんなに長い時間一緒にいる人でも、その人がどのように感じているかは、なかなかわかるものではありません。

ですから、「わからない」という前提からはじめていいと思います。わからないからこ

そ、相手のことばや相手の様子、相手の反応をちゃんと見ようとします。
そうして相手への理解がより深まっていくのだと思います。

同じ方向を向いて一緒に何かをすることで本音がふっと出る

「子どもたちの本音を聞きたいな」と思うとき、みなさんはどうしていますか。テーブルに向かい合って座り、「さあ、あなたの本当の気持ちを話してごらんなさい」と言っても、なかなか話せるものではありません。

私はその子と並んで同じ方向を向いて、いっしょに何かをするようにしています。同じ方向を向いて、同じことをしていると、こころや体がつながっている感覚になって、自分の中にあるものを子どもたちがふっと出してくれることがあるのです。

並んでいっしょに絵を書いたり、工作をしたり。

どんなことでもいいと思います。散歩に行く、ドライブ、カウンターで並んで食事をする、美術館で絵を見る、映画を見る、ソファに並んでテレビを見る、料理をするのもおすすめです。

『星の王子さま』を書いたサン=テグジュペリの随筆集『人間の土地』に、こんな一節があります。

「愛とは、お互いに見つめあうことではない。ふたりが同じ方向を見つめることである」

そういう時間をたくさん持つことができれば、子どもたちの傷つきや本音を少しずつ聞くことができるのではないかと思っています。

そして、そのためには、想像力も大事です。

自分が子どもだったときのことを、時々、思い出してみてほしいのです。

子どものころ、どんなことがあったかな。あのとき、どんな気持ちだったかな。そんなふうに具体的に思い出してみるといいと思います。

「教室で誰かが叱られていたとき、自分のおなかもなぜかきゅーっとしたなあ」

「誰がほめられたときは、あの子すごいなって思ったけど、なんだかちょっと悔しい気持ちもあったなあ」

「つらいとき、お母さんから『どうしたの？』って聞いてもらえて、とってもほっとしたなあ」

そんなふうに一つ一つの場面を思い出してみると、子どもの頃にも細やかなたくさんの感情を抱えていたことが蘇ってくると思います。それらをぜひ、子どもたちのことを想像する種として、大事にしていただきたいのです。

学校に行けなかった期間を経て学校に戻るとき気をつけておきたいこと

学校に戻るときの10のチェック項目

病弱教育の視点から、子どもが通っていた学校に復帰するにあたってのチェック項目を10個考えました。

院内学級でどんなにエネルギーが高まって元気になったとしても、子どもにとって久しぶりに学校に行くことはとても大変なことです。それまで学校に行くことで元気になっていた子どももいるかもしれませんが、以前と同じように友だちや先生は自分を迎えてくれるだろうかと心配になることもあります。

これは、入院していた子どもたちだけでなく、学校にしばらく行っていなかった子どもたちが学校に通い始めるときにも参考になる視点ではないかと思います。

一斉休校になり解除されるとき、長期休暇明け、不登校だったけれども通い始めるときなど、ぜひ確認していただきたいポイントです。

これらは、子どもたち自身では到底できることではありません。学校とお家の人、そして必要があれば医療関係者やそれぞれの専門家などが連携しながら、細やかに確認をしていきたいことです。

①いままでも教室に自分の居場所があると思えていたか。

学校が始まった、学校に通えるとわかっても、家にいたほうが絶対にいいという子や、退院したくないという子もいます。学校なんか行きたくないとはっきりと拒絶する子もいます。入院前、休校になる前、その子の居場所がちゃんと教室にあったかどうか。その子自身がそう思えていたかどうかが重要です。

②休んでいた間にも学校とつながりを保てていたか。

学校を休んでいる間、休みの間にも、先生や友だちから「どうしてる？」と声をかけてもらっていたり、先生からお便りがきたりしていたかどうかが、その子にとって大きな支えになることがあります。一斉休校の時期にも、オンラインでのやりとりまでできていなくても、担任の先生とのやりとりが何らかの形であったなら、つながりを感じることができていたでしょう。

③復帰にあたっての不安を軽減させられているか。

復帰するとき、その子はたくさんの不安を抱えています。その不安を、一つずつ軽減させておくことです。

休みの間にその子自身が達成感を持てる学習をしていたか。友だちとのつながりが不安なときは、学校が始まる前に仲の良い友だちと手紙や電話やオンラインでやりとりをしておくとずいぶん気持ちが楽になります。親子で学校に行く練習をしてみることもおすすめしています。退院する子のなかには、車椅子に乗ったり松葉杖をついたりして学校に行く場合もあります。先生にも事前に状況を伝えておくと不安が軽減できます。

④その子が見通しを持てているか。

短期の見通し、長期の見通しを持てているかを確認します。勉強についていけるのか。受験生の場合は受験に間に合うのか。体育はできるのか。給食は食べられるのか。通い始めてすぐの見通しから、学年を通しての見通しを持てるように準備します。

⑤困ったときに相談できる場所があるか。

学校の中に相談できるところがあるかどうか、学校にいるときに何か困ったことがあるときに、誰にどう相談すればいいかを確認しておきます。保健室の養護の先生、学年主任、副校長など、子ども自身が困ったときに相談しやすい場所、相談しやすい人を探しておくと安心です。

⑥学校以外の場所でエネルギーをためるところはあるか。

その子にとって学校が全てを占めるのではなく、学校以外でその子が頼りにできるところ、エネルギーをためることができるところがあるでしょうか。お家でも塾でもスポーツクラブでも、友だちでも、病院でもどこでもよいのですが、学校が大変でも、「ここがあれば大丈夫」というところを持っておくことです。

⑦お休みしたことを、その子が生きていくエネルギーの種にできたか。

「学校に行っていない間にこんなにおもしろいことがあった」「入院したけど、院内学級に行って楽しかった」「マイナスばかりではなくプラスの面もあった」ということを、小さなことでもいいから持たせることができたでしょうか。すぐにはそうは思えなくても、「あの入院も意味があった」「あのお休みがあったからいまここにいるんだ」と生きていくエネルギーになる種を渡しておきたいものです。

⑧本人にしんどさを凌ぐ力をつけられたか。

病院を退院して学校に復帰するときには、しばらく体育に参加できない場合や、学習が一部追いついていないということもあります。また、いま学校では、密を避けることや、大声でしゃべらないなど、がまんしなければならないさまざまなことがあります。しんどさを感じる場面もたくさんあるでしょう。自分の感情をコントロールする力や先生や友だちに「助けて」と言える力をつけることも必要です。

⑨受け入れる側が成長しているかどうか。

その子が帰ってきたとき、受け入れる学級が成長していることがとても重要です。しばらく学校に行かなかった子が登校するときに、「いろんな子どもがいて大丈夫」「誰かが困ったときには手を差し伸べられる」というクラスになっているかどうかということです。学校の先生たちが日常から取り組んでいることですが、そのクラスの子どもたちが、しんどい人に手を差し伸べられるようになるための成長があれば、スムーズに帰っていくことができます。

⑩組織としての体制を整えられているか。

その子が学校に戻っていくとき、組織としての体制を整えておくことです。担任の先生、養護教諭、校長、教頭先生たちのその子への理解は深まっているでしょうか。人的な協力体制は整えられているでしょうか。バリアフリー、アレルギーに対することなど受け入れの体制がきちんと整えられているかも確認しましょう。

これらのほかにも、きょうだいのフォローや、お家の人の傷つきをどう解決するかなど、入院中からたくさんのことに配慮が必要です。

いまのようなコロナ禍の学校の状況にも、さまざまな点で当てはまる部分がありま す。保護者の立場から、学校現場の立場から、お互いに知恵を出し合って、協力して子どもたちが安心して過ごせる体制を整えておきます。

あなたが困ったときには、学校中の先生が相談に乗ってくれるようにお願いしているよと言ってあげることができれば、少し安心できると思います。

そして、がんばって学校に行った子どもたちが、お家でエネルギーを充電できるようになっているかどうかもとても大切です。

大人がピリピリとしていると、子どもたちはそれを察して緊張して過ごします。お家では学校のように過ごすのではなく、リラックスしたり、少し甘えてエネルギーをためたりすることもこれまで以上に必要になっていると思います。

「子どもは本来学びたい学ぶことは生きること」

子どもたちは本来、自ら学ぶ存在です

今回の新型コロナウイルス感染予防のための休校をきっかけに、「教育って何だろう」と、いま、あらためて考えています。

休校になってしばらくは、「子どもたちが教育を受ける権利を奪われてしまった」と思っていました。もちろん、教育の機会を等しく保障することは必要です。

でも、それ以上に考えたことは、私たちは果たしてこれまで、「どのような状況であっても主体的に学ぶことができる子どもたち」を育ててきたのかということです。

休校のはじめのころは、友だちと遊ぶことも制限され、習いごとなども全てなくなり、時間を持て余した子どもたちから「何をしたらいいかわからない」「ヒマすぎてつまらない」という声も聞こえてきました。

学校現場でもいつ再開できるのか先が見えず、とても混乱していました。後半は課題がたくさん出て、それに追われてご家庭も大変な状況になっていたと思います。

しかし、本来、子どもたちは、学校が休みになって自由な時間ができれば、「いままでできなかったことができる」「あの実験をやってみよう」「ずっと好きな本を読んでいられる」「ずっと絵を描いていられる」と喜ぶような、生き生きとした存在です。

でも実際には、教材を用意され、指示がなければ何もできない子どもたちが増えてしまったのではないかとも思い、教員としての自分を省みるのです。

私が教員になったのは、ちょうどゆとり教育のときでした。ゆとり教育は、子どもたちが主体となって学ぶ教育を目指していました。しかし、学力重視への揺り戻しがあり、子どもたちの主体性は吹き飛んでしまいました。

今回、学校の一斉休校で、まさにそのことが露呈してしまったのだと思います。

「次、何すればいいの？」と指示を待つ子どもたちや、親や先生から言われたことだけしかしない子どもたちがたくさんいます。

私たち教員は、そういう子どもたちを育ててきてしまったのかもしれません。

自分で考え、学び、工夫する楽しさを見つけることができる子どもたち。

自分で行動することができる子どもたち。

そうした子どもたちを育てることができていなかったのではないかと、これまでの取り組みについて反省をせざるを得ません。教師として、私は30年間いったい何をやってきたのだろうと本当に悔しい思いになりました。

「どうして学校に行かなきゃいけないの？」

長い休校の間、プリントを渡されて教科書を自分で読み進め、それで成績をつけるという学校もあったと聞きました。再開した学校では、友だちともふれあって遊べない。給食の時間は話せないという制限がいくつもありました。

「どうして学校に行かなきゃいけないの？」

子どもたちからはこんな問いもたくさん出てきて、学校に行けなくなる子どもたちが増えたところもあります。

そのような根本的な問いに対する答えを学校は持っていなければなりません。

「学校は行くもんだ」だけでは子どもは納得できません。

「学校ってなんだろう？」と、私たち大人がみんなで考え直すべきなのです。

子どもたちは、いままで無意識に、または意識的に隠し持っていたその問いを、大人に突きつけることも増えていくでしょう。

だから、いまこそ学校は、子どもにとって本当に魅力的で、居場所だと思える場所にしなければいけないと思います。

本当の学びって何だろう。

子どもにとって学びとは何か。

なぜ学びは必要なのか。

それら問いの答えは、病気のこどもたちと一緒に過ごしていると言語化されていきます。

子どもたちは、どんな子も学びたいのです。

「できるようになりたい」「わからないことを知りたい」「わかるようになりたい」

「昨日の自分よりもよくなりたい」「成長したい」

「もっと聞きたいし、知りたいし、やってみたい」

子どもは本来、学びたい生き物なのです。

赤ちゃんを見るとよくわかります。そうでなければ、泣きながら、怒りながら、何度転んでも前に進もうとはしないでしょう。

「勉強は大変なこと。できることならやりたくない」という子どもにしてしまったのは多分大人なのではないでしょうか。学校もその一翼を担っていた。もちろん私も担っていました。

私は、「学ぶことは生きること」だと思っています。そういう意味で、学びを止めてはいけない。入院している子どもたちも、生きている限り学び続けます。長く生きられないかもしれない子どもたちも、学びたいという気持ちがあるのです。そのことを、私はたくさんの子どもたちから教えてもらいました。

人のために力を発揮し、苦手なことは力を借りて

世の中には、学びたいという意欲があるのに、学びを止められたり、学ぶことを諦めざるを得ない状況に置かれたりしている子どもたちがいます。

本当は学校に行って勉強したいけど、行くためには嫌な状況にも耐えなければなりません。理不尽な状況の中でせめぎ合いがあり、もうダメだと思ってしまった子どもたちもいます。

算数が得意だからたくさんやりたいと思っても、国語も理科も社会もできなきゃダメ

なんだよと怒られます。漢字が大好きだから、ドリルを配られた日に全部終わらせようとすると、まだやらないでと止められてしまいます。

どうしてそんなことをしてきたんだろう。

私も、まさにそんなことをしていた時期がありました。子どもの興味関心や、やりたい意欲をそいできてしまったことがあったと思います。

そうすると、学校はだんだん「やりたくないことをやらされる場所」になってしまいます。

時間割があるので、いま学びたいことを学べない。いますぐこれを突き詰めたいと思っても、「やりたい勉強だけを突き詰めたいのなら、大学で教授にでもならなきゃダメ。だからいまは嫌なことも勉強しなさい」と言われてしまう。

それはいまではなく、10年先のための学びです。子どもはいまを生きているはずなのに、将来の姿に近づくためにいま何をするべきかを求められます。

エネルギーがある子たちはそれでも大丈夫です。「自分はできる」と思えている自尊感情が高い子は、家に帰ってエネルギーをもらったり、先生たちにエネルギーをもらったりすることができます。評価され、人と比べられたり、成績をつけられたり、将来のためにいまを制限されたりしても、それを自分の中でパワーに変えて進んでいくことができます。

しかし、傷ついている子たちは、自分の感情をしっかり感じたり、目の前のことに取り組んだりしてエネルギーをためなければ、前には進めません。

学校が再開し、これまでの遅れを取り戻さなければならないと追い立てられ、必死に知識を詰め込むような学力だけに特化した方向に、教育が進まないようにしなければならない。

いま、あらためて子どもたちにとって本当に必要な教育や学校の役割を捉え直すチャンスだと思うのです。

私自身も、これまでの教育を見直し、これからの教育についてしっかりと考えていきたい。大人の考えの範疇を軽々と飛び超えていくような子どもたちを育てたい。

そのために何ができるのか。それが、これからの私の大きな課題です。

自分の力を誰かのために発揮して、苦手なことは誰かの力を借りて生きていける社会をつくっていきたい。そういう社会にしなければいけない。

そのためにできることを、子どもの力を信じて、子どもの声に耳を傾け、子どもたちと一緒に考えていきたいのです。

第5章

子どもの「学びたい」を止めないために

院内学級で見つけた教育の原点
この子がいま本当に欲しい学びとは?

病気の子どもたちの教育にかかわりたい

ここで少し、私の昔話をしたいと思います。

私は、大学を卒業後、東京都の公立小学校の教員になりました。当初は、体育の勉強をして指導主事を目指していました。

教員になって6年目、私自身が病気になり、入院しました。入院は初めてではありません。私は小さい頃に手術をしたこともあります。退院後もよく風邪をひいたり体調を崩したりして学校を休みました。そのときは、病気になった自分が悪いと思っていました。遠足に行くみんなが自分の家の前を楽しそうに通る声や、参加できない運動会の音をうらやましく聴いていた記憶があります。

中学生のときには、1学期のほとんど学校を休み入院しました。同じ病室の人に迷惑にならないように、病院のベッドで布団をかぶって受験勉強したのを覚えています。

いま私が、入院中の子どもたちが安心できるようにとかかわったり、大丈夫だよと声をかけたりしているのは、もしかしたら、あの頃の自分に声をかけているのかもしれないと思うこともあります。

大人になってからの入院生活も、やっぱり苦痛でした。私はそのとき、6年生の担任だったのに、修学旅行の引率もできなくなりました。入院中は、毎晩病室の窓から外の世界をうらやましく見つめていました。

入院している自分は不幸で、病院の外にしか幸せはない。早く外の世界に戻りたいと思いながら毎日を過ごしていました。

私が入院していたのは大人の病棟でしたが、ある日、なぜかその病棟の廊下で一人の子どもがいるのを見かけました。

「さっき廊下で子どもを見かけたけど、あの子も入院しているんですか？」

看護師さんにたずねると、こんな答えが返ってきました。

「あの子はずっと入院しているんです。いま、3、4年生かな」

「学校はどうしてるんですか」

「あんまり通えていないようですね」

その子と会話を交わしたわけでもなく、廊下の遠くのほうに見かけただけだったこともあり、そのまま、その子のことを忘れていました。

退院後、担任していた6年生も無事に卒業を迎え、翌年、別の区の新しい学校に異動しました。教員としての仕事にも慣れ、体調も良くなり力がみなぎっていた時期です。職場の環境や先輩たちにも恵まれて、私の教員生活のなかでも本当に充実した2年間を過ごしました。

ずっと入院していたあの子は不幸なのだろうか

そこからまた体調が悪くなり、大人になってから2度目の入院をすることになりました。私は、ふとあの子のことを思い出しました。

「そういえば、前に入院していたときに見かけた子、いまはどうしているのかな。僕は、病院のなかにいるのは不幸で、病院の外にしか幸せがないと思っていたけど、ずっと入院していたあの子はずっと不幸なのだろうか。それって、おかしいよなあ」

退院してから、少しずつ心理学の勉強をはじめました。そしてまた、3度目の入院をしました。私は、30歳前後の5年間で、3度の入院を経験しました。

その後、東京都の大学院派遣研修（特例十四条派遣研修）に応募して、子どもの心理を学ぶために大学院に通うことになりました。

東京学芸大学大学院教育学研究科で師事した小林正幸教授の専門は、「学校不適応研究」でした。不登校の子どもたちにかかわる機会がたくさんありました。

不登校の子どもたちのなかには、病気を抱えた子が約15パーセントいることを知り、病気の子どもたちの教育にかかわりたいという思いが強くなりました。

この子がいま本当に欲しい学びとは？

その後も通常の小学校に勤めながら、パッチ・アダムスの映画を見たことをきっかけに、クラウンの勉強も始めました。そして、赤鼻をつけた教師になりました。休みの日を利用して、入院している子どもたちとかかわり始めました。

異動を希望し、5年後に、東京都品川区にある昭和大学病院内の品川区立清水台小学校 病弱・身体虚弱特別支援学級の担任になることができました。通称「さいかち学級」という院内学級です。

2006年、私は40歳になっていました。

院内学級というのは正式な名称ではありません。病弱・身体虚弱の児童および生徒のために設置された特別支援学級のうち、病院に設置された教室が「院内学級」と呼ばれています。東京都には5つの病院に院内学級があります（2020年）。

そのほかにも、病気療養を必要とする子どもたちの教育は、病弱特別支援学校、その分教室、病院や在宅に教師が訪問する訪問学級など、さまざまな形があります。

昭和大学病院内のさいかち学級は、病院の17階、とても眺めのいいところにあります。小学生から高校生まで、いろいろな学年の子どもたちがやってきます。保育園や幼稚園の子や大学生が来てくれることもあります。入院している子どもたちですから、病気やけがが、障害などがあり、発達もさまざまです。車椅子やストレッチャーでくる子もいます。教科書も違えば学習の進度もバラバラです。

私はそれまで、通常級でも学級の一人ひとりの子のことをできるだけ考えて授業をしていたつもりでしたが、それは目の前のたった一人のその子のための授業ではなかったことに気がつきました。

さいかち学級では、鉛筆を持てない子には、その子がどうすれば持ちやすくなるかを考え工夫します。左手が動かせなければ、紙が動かないように机にテープで止めました。教材も、学年にかかわらず、その子にちょうど良い教材を探して用意します。

一番大きな違いは、「この子がいま本当に欲しい学びとは何か」を考えることでした。それまでは、学年や時期により、教えることが先にありました。クラスのみんなに教えるべきことがあり、それを一人ひとりにどう届けるかを考えるだけでした。

でも、院内学級では、「その子にとって必要な学びは何か」「その子が望んでいる学びは何か」という根本的なところから考えなければなりません。そして、その子のための教材を手づくりし、その子にとっての授業案を考えるのです。

本当は、すべての子どもたちがこのような環境のなかで学びに向かうことができればいいのにと思います。すべての子どもたちに対して、「その子がいま本当に欲しい学びは何か」を考えることができれば、子どもたちが学びの主語になると思いました。

通常の学級でも工夫しだいでできることがある

「院内学級でやっていることは、教育の大事な原点ですよね」と言ってくださる先生はたくさんいます。その先生たちには大きく二つに分かれます。

「院内学級は病気の子どもたちの教育だし、少人数だからできるのでしょう」

「通常の学級でもなんとかそこを大事にしていきたい。どうすればいいでしょう」

前者の先生は、病気を抱えた子どもたちの教育は別のものだと初めから切り分けて、別世界のことだとあきらめてしまっているようです。後者の先生は、自分なりに授業を工夫し、何かできることはないかと試行錯誤しています。

学校の学習内容は、学校教育法などの法律に基づいて「学習指導要領」というものが定められています。

これはある意味、全国どの地域で教育を受けても一定の水準の教育を受けられるようにするための教育課程（カリキュラム）ですから、必要なものだと思います。

院内学級では、時間的にも子どもの体力的にも治療が優先です。学習指導要領に書かれていること全てに取り組むことはできません。本当にその子に必要なことは何だろうと考え、できるだけそぎ落とさなければいけない。それは、「準ずる教育」として制度化されています。

子どもたちに大事なところをちゃんと渡せているかどうかがとても大切になります。本当にいまその子にとって必要な学びとは何かを考えなければ、そぎ落とすことはできません。

通常の学級では、限られた時間の中で40人前後の子どもたちを一斉に教えながら、そのカリキュラムを実施し、一人ひとりの学習面もこころの面も支えていかなければなりません。熱心な先生ほど本当に大変だと思います。

でも、大事なところをしっかりとおさえていけば、そぎ落とせる部分はあるはずです。そのためには、病弱教育の準ずる教育を参考にできると考えています。私は、自分自身を振り返ったとき、通常の小学校でも、もっと何かできることはなかっただろうかと思います。

もちろん、一斉に40人には難しいのですが、いま思えば、限られた時間のなかでも、「この時間は、この子とこの子にできるだけ寄り添うようにやってみよう」「この子にはこんな方法がいいんじゃないかな」などと考え、工夫することはもっとできたのではないかと思うのです。

成績は何のためにつけるのか？
子どもに身につけてほしい力とは？

子どもたちに成績をつけることが苦しくなった

院内学級では、通知表はすべて文章で伝えます。次のようなものです。

・「国語科の『詩を味わおう』では、中川ひろたか氏の『へいわ』を読み、こころに浮かんだイメージや感想を伝えることができた。この詩をもとにして詩を書くことにより、自分の中にある願いや希望に気づくきっかけとなった」

・「社会科の『自動車工場にはげむ人々』では、プラモデルの作成を通して、各自でつくるのとグループで分担をしてつくる違いについて気づき、話し合い活動を通して、理解を深めることができた」

・「音楽科の『音の重なりを楽しみながら合奏しよう』では、ハンドベルで『茶色の小びん』をリズム良く奏でることができた。友だちの奏でる音をよく聴きながら、ていねいに音をあわせて演奏した」

このように、私が気づいたことを文章にして、保護者の方に伝えます。成績をつけての評価はしません。成績表を書いていると、時折、私が20代の頃、教員になって4年目のことを思い出します。

当時の私は、成績をつけるために子どもたち一人ひとりの様子を見ながら、気がついたことをポストイットに書きとめてノートに貼っていました。日が暮れた教室で黒板の前に立ち、それぞれの席を見ながら思い出したり、ときにはその子の席に座って、どんなふうにしていたかを思い出して書いていました。

学期の終わりには、そのノートを見返しながら成績をつけるのですが、子どもたちをよく見れば見るほどに、「手をあげないからといって、わかっていないわけじゃないよなあ」「発言しなくても、一生懸命考えているかもしれない」という思いがどんどん湧いてきて、通知表に成績をつけることが怖くなってしまいました。

そして、成績がつけられないという悩みに飲み込まれ、どうしようもなくなって、気がついたら新幹線に乗って比叡山の延暦寺に向かっていました。

私は小学校の頃、京都に住んでいたので、比叡山に行ったことがありました。延暦寺根本中堂の近くの文殊楼に文殊菩薩がまつられているのですが、そこにかなり長い時間じっと座っていました。

20代の若者がそこに何時間もじっと座っていることを心配して、延暦寺の方が私に話しかけてくださいました。

「長い間そこにいるようだけど、どうなさいましたか」

「私は小学校の教師をしているのですが、子どもたちの成績をつけることが苦しくて仕方がありません」

声をかけてくれたのは、偶然にも長年教師をして退職された方で、元は滋賀県の高校の先生だとおっしゃっていました。私は抱えている悩みをあれこれと話しました。

成績は過去のもの。その子の人生をジャッジしているわけではない。

すると、こんなふうにおっしゃいました。

「成績って、過去のものなんですよ。通知表には、過去に教師が見えたことが書いてあるだけ。成績をつけた瞬間にその子はもう変わっているのです。その子は刻々と成長しているはずだから」

その方はそう言って、さらに続けました。

「でも、そう思っていても、成績をつけるのは大変ですね。私がつけた成績が、この子のこれからにどれだけ影響するかと考えると怖くなるのもわかります。そうしたら最後は神頼みならぬ、仏様だのみ」

そう言って笑ったのです。

「成績は、過去のもの。その子の今後の人生をジャッジしているわけではない」

私は、それ以来、少し割り切れるようになりました。

できるだけ客観的なデータを集めて、自分が自分にもきちんと説明できるようにして成績をつけるようにすると少し楽になりました。ちょうどその頃、相対評価が絶対評価に変わり、そのことでもずいぶんつけやすくなりました。

そもそも、小学校の通知表は、お家の人にその子の学校の様子を伝えるためのもので、学校によっても形式がそれぞれ異なります。一律に決まっているものではありません。この子はこういう良さがありますということを伝えるツールであって、「大変よい」の数がいくつあるかとか、その数を増やさなければいけないといって子どもを追い詰めるためのものではなかったはずなのです。

ここ数年、人と上手にかかわる力や、人と協力しあう力など、点数化できない「非認知能力」が重要だと言われるようになりました。

点数や成績だけでは測れないその子の力を、たくさんのものさしで見られる学校になり、社会になっていくことを願います。

ゆとり教育の時代にもそうでしたが、「生きる力」とうたわれている新しい学習指導要領において、点数化できない力をどう評価するかは難しいところです。「生きる力」ということばに込められた想いと遠く離れてしまわないように、私たちはその都度、教育の原点に立ち返ることが必要だと思います。

逆上がりで身につけてほしい力とは？

学校は、法律に基づいて動いている機関ですから法律を守らなければなりません。ただ、学習指導要領は、それぞれの学校や先生によりさまざまに解釈できる余白もあります。

学習指導要領には、それぞれの学年で教えることが書いてあります。例えば、体育の授業では、このような力をつけるためにこんな種目に取り組むといいですよとズラリと例示されています。

さかあがりもその一つです。すべての子どもが絶対にできなければいけないわけではありません。でも、学習指導要領に例示されていると、教える側としては、「できないよりもできたほうがいい」という気持ちが出てきてしまうのです。

教員の間で伝わっているこんなエピソードがあります。

さかあがりができない子が何度も必死に練習して、クラスのみんなで一生懸命励まして、ようやくできるようになりました。

そのとき、その子が笑顔でこう言いました。

「ああ、よかった。これでもう、さかあがりをしなくていいんだよね」

笑えない冗談のようですが、このようなことが実際に起こることは珍しいことではありません。親子の間でもこのような状況になった方もいるかもしれません。

私たち教員は、そういう子どもたちを育てたいわけではないのです。

それでもやはり、そこで評価をして成績をつけるとき、「できるかできないか」にどうしてもフォーカスしてしまいます。子どものためには「できないよりはできたほうがいい」と思う気持ちが出てきてしまう。そのことが、子どもたちを追い詰め、ねじれを生んでしまうのだと思います。

私はあるときから、「全員が逆上がりができなくてもいいんじゃないか」と思うようになりました。できるようになったとき、「もう二度とやりたくない」と思うほどがんばることに、どんな意味があるのだろうと疑問を持ちました。

そして、「さかあがりができるかできないか」ではなく、「さかあがりを通して身につけてほしい力」について考えるようになりました。

例えば、「さかあがり」であれば、「体をひきつける力」「回転を利用する力」「逆さ感覚を味わうこと」や、そこに向けてお互いに協力したり、知識を集めたりすることが大事なのです。

本当に大切なのは「学びたいと思って行動する力」

いつからか、教育現場で「学力」が表すものは、「学んだ力」になってしまいました。

つまり、「学んだ結果」です。成績をつける立場からすると、「学んだ結果」が一番分かりやすい。学ぼうとしている力や、学んでいく力は評価することが難しいのです。

でも、本当に大切なことは「学んだ結果」だけではありません。

これからの人生を生きていく子どもたちにとって、本当に大切なのは、「学ぶ力」「学んでいく力」「学びたいと思って行動する力」なのです。

ほかの教科も同じです。算数という教科を通して、子どもに何を身につけてほしいのかを根源的に突き詰めると、目の前の問題を早く正確に解く力よりも、数学的思考法を身につけてほしいということが立ち上ってきます。

院内学級では、学びの核となる部分をおさえなければ、時間が全く足りません。入院している間に、その子が通っている学校と全く同じ分量を同じ時間をかけて取り組むことではなく、限られた環境でその子に合う方法を考えるのが私たちの役目だと思っています。そして、やり方を変えても大丈夫だという確信があります。

子どもに身につけてほしい力さえしっかりとおさえて渡すことができれば、子どもは短時間でも達成感を得ることができ、自信を持つことができるのです。

その子の体調やこころの状態、発達や理解の度合いに合わせて取り組むポイントを絞り込みます。例えば10やらなければならないことがある場合には、そのうちの2、4、6、8、10と飛び石で取り組んだほうが興味を持って取り組める子もいれば、前半の1から5までを集中してやっておけば残りは自分の力で進んでいける子もいます。

その子に合うやり方で取り組むことで、いちばん子どもに力がつくのだということを、私は院内学級の子どもたちに教えてもらうことができました。

これは、すべての子どもたちに共通して言えることだと確信しています。

どんな理由でも止めてはいけないのは子どもたちの「学びたい」という気持ち

「学びを止めるな」の「学び」ってなんだろう

長期に渡る一斉休校となった時期に、「学びを止めるな」ということが盛んに言われるようになりました。「学びの保障」ということばも飛び交っていました。

そこで言われる「学び」はどんなことを指しているのでしょうか。

「学びを止めるな」と言ったとき、その意味は一つではありません。私が思いつくところを左のページに書き出してみました。

左に行くほど大人が大事にしていること、右に行くほど子どもを主語にしたときに大事にしたいことです。それぞれ、個別での学びや集団での学びの場が考えられます。そして、全てにおいて、安全・安心な環境やかかわりがベースに必要です。

あちこちで飛び交っていた「学びを止めるな」ということばのなかに含まれていたの

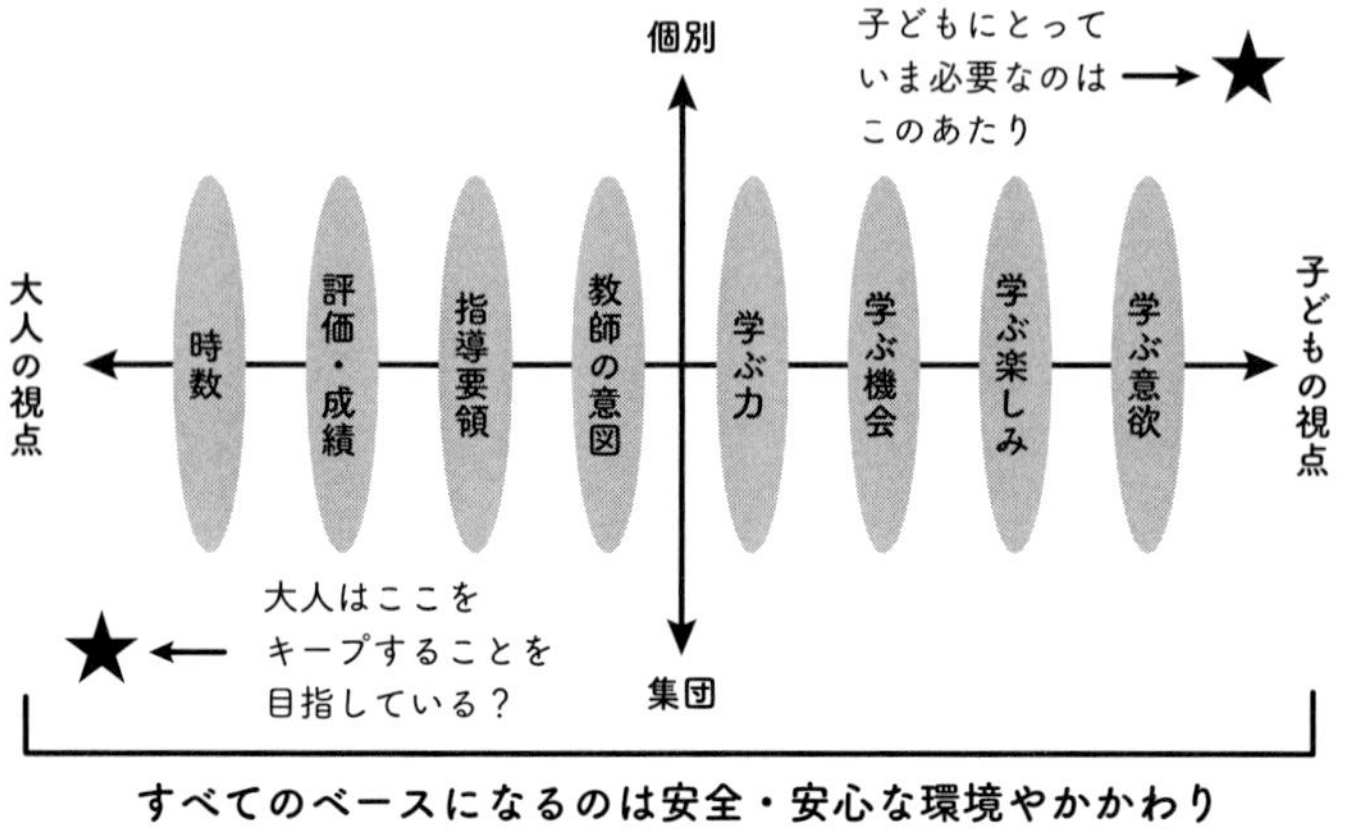

は、大人の視点から大事だと思われることが多かったように思います。

大人というのは、主に教員の視点です。保護者のみなさんもこちらに近いかもしれません。

「休んでしまった分の授業の時数をどうやってこなすのか」

「テストはどうするのか。成績はどうやってつけるのか」

「習っていないところを家庭学習で習ったことにして良いのか」

もちろんそうした授業の「時数」や「評価・成績」、「指導要領」、「教師の意図」やねらいも大事なことですが、そればかりに偏っていなかっただろうかと、もう一度考えておきたいのです。

子どもが学ぶ大きな原動力にもなる「学び方」「学ぶ機会」「学ぶ楽しみ」「学ぶ意欲」についで、なおざりにされていなかったでしょうか。

私たちが何よりもまず保障しなければならないのは、集団で学ぶ時数ではなく、個人での学ぶ意欲が継続する環境ではないかと私は考えます。

「学ぶ意欲」が一人ひとりに根付いていれば、どんな環境でも、大人になっても、違う場所でも、いろいろな状況に合わせて自分で試行錯誤できるようになるからです。

「学ぶ意欲」がそぎ落とされてしまっては、本末転倒なのです。

子どもの「学びたい」を止めないために

そもそも、「学ぶ」という動詞の主語は「子ども」だったはずです。

「子どもの学び」というと、誰かが「子どもの学び」とはこういうものだと定義して、それを子どもに与えるような印象があります。「学び」は誰かに与えられるものなのでしょうか。先生や、親や塾の先生に与えられなければ子どもは学ばないのでしょうか。

そんなことはありません。

「学びを止めるな」「学びの保障」の本意は、子どもが学ぶこと、学び続けること、学ばうとすること、つまり、子どもの「学びたい」という気持ちを「止めてはいけない」ということだと思います。

これは、いつどんな状況においても言えることです。

病気による困難を抱えたこどもたちにかかわるなかで、私はこれまでもずっと、「学ぶことは生きること」と言い続けてきました。子どもたちにとっては、全てが学びであるはずです。

この世に生まれ、お腹が空いたら泣くことも、ハイハイができるようになり、歩けるようになることも、トイレができるようになることも、スプーンを使ってご飯を食べられるようになることも、走り方を覚えることも――。

人とかかわる学び、自分の興味をとりに行く学び、自分のなかを掘っていく学び、少しでも誰かに気持ちを伝えられるように、何かができるようになるように、より上手になるように、どんなに小さな子どもたちも日々生きています。

小学校に入ったばかりの頃は、授業中も元気いっぱいに発言したり、失敗もたくさんしたりしながら、楽しみながら学ぶ様子が多く見られます。

でも、学校に慣れれば慣れるほど、おもしろくなってきたところでチャイムが鳴ってやめなければならなくなったり、自分がどんなに違うことに興味を持っていても、班の仲間と同じことに取り組まなければならなくなり、失敗することが恥ずかしく、発言することが億劫になってしまうことがあります。

しかし、子どもには、本来「学びたい」という意欲が備わっていたはずです。生き生きと学ぶことで、楽しさを見出し、失敗しても自分のなかでプラスに変えていくためにもっと勉強したいと思うようになるのです。

子どもは、本来、よくなりたい、できるようになりたい、前に進みたいと思う存在です。その「学びたい」という気持ちを、止めてはいけない。

病気や貧困や不登校、外国籍だから、少年院に入っているから、今回であれば新型コロナウイルスの感染の恐れがあるからなど、例えどんな理由であっても、止めないでほしいのです。

子どもたちは、亡くなるその日までさまざまな形で学び続けます。例え自分が亡くなるかもと思っていたとしても、どんな子どもも、生きている限り、成長したいと思っている。大人だってそうです。

だから、「少しでもやってみたい」と思う気持ちがその子にあるのなら、私たち教員は、

「学びたい」という子どもたちの気持ちを止めないように力を尽くしたい。
それが、すべての子どもたちにとって、生きていくエネルギーになるからです。

子どもたちと一緒に答えのない問いについて試行錯誤し続ける

これまで、「学びの保障」は、限られた子どもたちだけの問題だと思われていました。けれど、新型コロナウイルス感染症によって、すべての子どもたち、すべての教育現場の問題になりました。

対面で授業をすることが難しい、人と接触する機会をできる限り抑えなければならない、三密を避けなければならないなど、さまざまな制限のなかで、学びを止めないためにはどうすればいいかを試行錯誤しなければならなくなりました。

一斉休校中、先生や学校はこれまでの対応ではどうにもならない局面に置かれました。子どもたちの「学びを止めない」ために、学級だよりや宿題をつくって各家庭のポストに配布したり、メールで配信したり、時には電話をかけて様子を聞いたり、一部の学校ではオンラインで朝の会をやったり、動画の配信や双方向のやりとりを使って授業をする学校も見られました。

私は、これを機会にいままで病弱教育の先生たちが求めていたことが少しずつ実現していくのではないかという希望のようなものを持っていました。

学校に通うことができない子どもたちも、オンラインで参加することができ、分散登校であれば登校したいという不登校だった子どもたちもいるというニュースを聞いてうれしくなりました。

しかし、学校が再開され、通常登校になると、オンラインの利用はすっかり影を潜め、さらに現場の先生たちからこんな声が私の元に届くようになりました。

「子どもたちがとても疲れています。学校に行き渋る子や、授業中にとても疲れた様子の子もいます」

そう言って心配している先生たちは、子どもたちの様子に気づいていても、話をていねいに聞く時間さえ持つ余裕がありません。

授業の合間に消毒をして、子どもたちのソーシャルディスタンスに気を配りながら、高学年になると1日7時間授業の準備をしなければなりません。時間に追われ、体力もなくなり、精神的に追い詰められています。

1年生の子どもたちは以前よりも担任の先生や補助の先生に甘えることが増えている

ようですが、それに対してもなるべく接触を避けながら、どのように対処すればいいのか頭を抱えているようです。

子どもの負担を減らすにはどうすればいいか、そして、子どもたちを守る先生たちの負担を減らすにはどうすればいいか、それは学校だけの問題ではありません。社会問題として、すべての大人が試行錯誤していかなければなりません。

子どもたちにも相談して考える

いま、この状況は私たち大人にとっても未知のものです。以前のままの学校には戻れません。これまでこうだったからできない、こんな前例はないからできないと変化を避けていては、先生も子どもたちもつぶれてしまうのではないかと心配です。

考え方としては、私たちが院内学級で行ってきたことが応用できるのではないかと思っています。たくさんの制限がある中で、何ができるかを考え、できることに絞り込んでやってみることです。

院内学級ではこれまでも運動会はできませんでしたが、ボッチャ大会や卓球大会を行いました。それは運動会ではないと言う人もいるかもしれません。でも、体を動かしたり、みんなで勝ち負けを競ったり、応援したりすることはできます。

今年度は、バス会社からも断られ、社会科見学に行くことができない小学校もあるという話も耳にしました。どこかバス会社はないか、電車で行くことは可能かと、いかにいままで通りに行うために奔走し、疲れ果てている先生たちもいます。

もちろん現地に行くのがベストかもしれませんが、行けないときにどうするかを考えるためにも、子どもたちにどんな力をつけてほしくて社会科見学を行なうのかに立ち返り、そこからできることを考えてみるといいと思います。

オンラインで子どもたちそれぞれが好きなところに社会科見学に行って、オンラインで質問をし、そこでわかったことを発表してシェアすれば、それも学びにつながります。

先生だって初めての経験ですから、困ったときには、子どもたちにも相談して一緒に考えてみてはどうでしょう。

「社会科見学、バスに乗れなくなっちゃったんだけど、みんな、何かいい方法を一緒に考えてくれるかな。先生たちもどうしていいかわからないんだ」

子どもたちにとって、先生やお父さんお母さんが困っているとき、その力になれることはとてもうれしいはずです。

そしてまた、正解のない問いを考える経験はとても貴重です。先生にとっても、子どもたちにとっても素晴らしい学びになるはずです。

真ん中に置くのは子どもではなく「困っていること」

子どもを信じて、子どももチームの一員に

誰も正しい答えがわからないこの状況のなかで、少しでもその困難をクリアしていくためには、できるだけ多くのいろいろな道を用意しておくことが必要です。

「この道が行き止まりならこっちに行こう」

「これに関しては自分一人では太刀打ちできないので詳しいあの人に聞こう」

そのように多様な道を用意するためには、多様な考え方が必要になります。

頭のかたい私たち大人は、それまでの経験や価値観が邪魔をしてしまうことが多く、全く新しい方法を見つけることは難しいかもしれません。こんなときこそ、子どもたちをチームの一員として、真ん中に「困っていること」を置き、柔軟な発想を存分に発揮してもらいながら、一緒に考えていくことが必要だと思います。

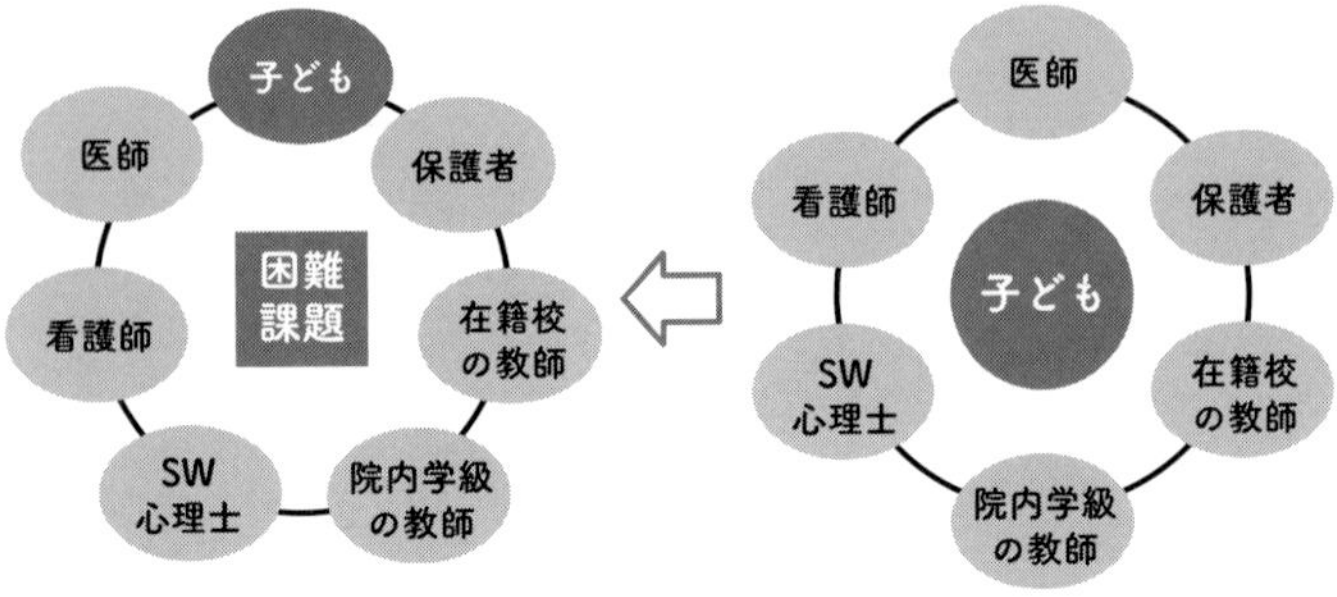

チームの真ん中に子ども　　**子どももチームの一員に**

子どもたちをもっと信頼していいと思うのです。

私は、以前、子どもを真ん中に置いてチームになろうと言っていました。病院では、医師や看護師、保育士、言語聴覚士など、さまざまな専門の知識を持ち寄ってチームをつくり、子どもを真ん中に置いて、その子のこれからについて話し合っていました。

最初はその子の話をしていても、ふと気がつくと、「〜という病気を抱えている子」「〜という障害がある子」についての話し合いになっていました。そして、大人たちがチームで考え決めたことを、その子に伝えていました。

「あなたのことをみんなで考えてこのように決めました。いいですね」

この通りには言わなくても、子どもにはそう伝わります。子どもは「はい」と言うしかありません。子どもたちはそれが当然のことだと思い、大人たちに言われるままに治療に向かいます。

でも、しばらくして子どもたちからこんな声が聞こえてくることがありました。

「私のことを勝手に決めないでほしい」

私たちは、「その子が何を大変だと感じているのか」「その子がどうしたいのか」をその子自身に聞かずに想像していただけでした。

自分で決めていないことは、子どもも大人も「やらされている」と感じます。

治療も教育も同じです。子ども自身が、この病気を治したい、このことを学びたいと思うことを、医師や教師が手伝うのが治療であり、教育です。いちばん大切なのは、どうなりたいか、どうしたいかという本人の意思なのです。

病院で子どもたちもチームの一員としてかかわるようになると、私が悩んでいることにアドバイスをしてくれることもあります。「先生が言いづらかったら、僕から看護師さんに頼んでおこうか」と子どもが言ってくれることもあります。

食が細くあまり食べられない子どもと一緒にどうすればいいかを考えているとき、「梅のチューブを1個つけてくれれば、ご飯もうちょっと食べられそうなんだけど」と具体的なアイデアを出してくれることもありました。

真ん中に置くのは、「子ども」ではなく、「困っていること」です。

大きく言い換えると、子ども自身の気持ちを尊重して、子どもの尊厳を保障することなのです。

オンラインがひらく学びの可能性

新型コロナウイルスの感染予防のために、テレワークやオンライン授業などが注目されるようになりました。学校のオンライン化はなかなか進まず、私立の学校や塾ではオンラインでの授業がいち早く取り入れられ、教育格差が生まれるという懸念も生まれました。

公立の学校においてのオンラインでの学びや子どもたちとのやりとりについて、危惧している人や反対している人もいるかもしれません。もちろん、人とのかかわりを学ぶには、実際に人とふれあいながらさまざまな体験をしていくことが大切です。

友だちと野球をして、ゴム跳びをして、相撲をして、放課後にも自然の中で走り回って、鉛筆が小さくなるまでノートに何度も漢字を書いて、そうやって立派な大人になったという人にとっては、パソコンやスマホで勉強するなんてとんでもないと思う気持ちもよくわかります。私もそうして育ってきた世代です。

しかし、人と2メートル離れなければいけない、大きな声を出してはいけないなどの状況で、オンラインを一切使うことなく豊かな人間関係を育てていくことはできるのかということも同時に考えなければならないと思います。

マスクを外し、大きな声を出して生き生きと会話をするためには、顔を合わせるよりも、オンラインでつながったほうがいい場合もあるのではないでしょうか。合唱を禁止された学校ではこころの中で歌うという授業が行われたところもあると聞きます。そのような音楽の授業と、全国の子どもたちとオンラインでつながって大きな声で合唱するのとを比べたとき、学校に登校したほうがよいと言い切れるでしょうか。

登校する人数を半分に減らして、半分はリモートで学習するなどを進めるなど、さまざまな可能性を試してみる価値はあるのではないかと思います。

オンラインというのはあくまでも一つの方法であり、道具です。それをきっかけにもっと人と会いたい、直接会って話をしたい、一緒に遊びたいという気持ちを育てることもできます。これまでに会うことのできなかった遠くに住んでいる人たちや、海外の人たちとつながることもできるでしょう。何が目的なのかを全てにおいてもう一度考える必要があると思います。

病気の子どもたち、不登校の子どもたちにとっても、病院や家から学校の先生や友だちとつながることができれば、これまでよりもずっと可能性が広がります。

子どもも大人も、いままでの学校教育しか知りません。自分が経験していないことや、これまでやったことのないことに挑戦するとき、とても不安になるでしょう。できるだけこれまで通りにやったほうが安心だという気持ちになり、元に戻そうとする力が強く働くのだと思います。

いままでとは違う新しい価値観や方法で学びに取り組むとき、自分の価値観を崩し、変えていかなければなりません。結果がわからず、怖いと思うのも当然です。

それでもなお、自分の価値観を超えて新しい時代に向かって変わっていく勇気を大人が持ち、試行錯誤していく姿を子どもに見せてあげたいと思います。

学びの多様性を否定せずに進めていくことが、子どもの「学びたい」を止めないためには必要です。その子に合った学びをどれだけ用意できるかが、いま、大人たちに問われているのです。

お父さん、お母さん、先生や大人たちが、新しいことに向き合って僕たちの未来をつくってくれていると子どもたちが感じられるように行動することができれば、新しい時代を生きていく子どもたちにとって、大きな学びになるはずです。

これからの学び

これからの時代、私は、みんなが助け合える、みんなが社会参加できる世の中になるといいなと考えています。そのためには子どもたちにどんな力をつけほしいかなと考えて学びの現場に立っています。

自分のことを自分だけで解決するのではなく、子どもたちも助け合いながら課題に向き合い、助け合いながら課題を解決していく場面を増やしていきたいと思います。

私自身、昔は子どもたちにこんなふうに伝えていました。

「自分のことは自分でできるようになろうね」

「できるだけ人に迷惑をかけないように生きていける力をつけようね」

でもいまは、そうは思いません。

自分のできることを誰かに渡して、できないことを誰かからもらって、誰かを支えられるようになるために力を付ける。誰かの役に立てるように自分を高めてほしい。

そういう力を子どもに育むためには、「自分の好きなことを知る時間」「自分がどういう人間なのかを見つめる時間」をたっぷり取る必要があります。

「自分はこんな人間なんだ。こんなことが好き。こういうことが嫌い」

そういうことをしっかりとつかみながら自分ができていきます。そして、仲間や他者とのかかわりができて、自分との違いを知ります。

「自分の意見を通すためにはここは譲らなきゃいけないいな」

「自分とは違うけどそういう考えもあるなら取り入れてみよう」

他者とのかかわりによって、自分がもっと成長していきます。そういうことを学ぶ場所が、学校なのだと思います。

学校は、知識や文化を伝達する場所であり、先人が見つけたことを伝えるべきところです。そしてもう一つ、答えのない問い、大人も正解がわからない人生の問いを一緒に考えるところだと思います。

答えがない問いは、扱うのがとても難しい。教えられないし、成績もつけられません。でも、本来学校は、子どもも大人も、抱えている人生の問いを何となく話し合ったり出し合ったり、一緒に考えたりする場所だったのです。

いま求められる本来のアクティブ・ラーニング

小学校で担任をしていたとき、放課後に「家に帰りたくないな」と言って教室に残っている生徒がいました。「じゃあ、プリントつくるの手伝ってくれる?」と言って、一緒にプリントをつくりながらいろんな話をしたものです。

「今日ねえ、お母さんに怒られたんだ」「あいつが意地悪するんだよ」

学校は、そんなことをふっと話せる場所だったはずなのです。知識や文化を伝達するだけの場所ではないことを、もう一度私たちは思い出さなければなりません。

いま、感染症でしんどい思いをしている子どもたちがたくさんいると思います。

「うちのお父さんが仕事がなくなったのは何でかなあ」

「どうしてお友だちとおしゃべりしちゃいけないの」

子どもたちにそう問われたとき、子どもがほしいのは、「ウイルスが広まったらいけないから」という答えではないはずです。

学校は、その子がことばの背後に抱えているつらさや悲しさに寄り添い、一緒に悩んでくれる仲間や一緒に考えてくれる先生や大人がいる場所であってほしい。

学校で伝える知識や文化も、本来は、そういう力をつけるための道具なのだと思います。数学的思考や国語的思考、理科や社会を通して身につく思考や知識を子どもたちに渡して、論理立てて考える方法を鍛えたり、感情を捉える力を身につけたりすることがそれぞれの教科の目的だったはずです。指導要領には、考える力を身につけることが目的であると書いてあります。

答えがあるものを使って、答えのないものについて考える方法を身につける。答えのないものに出会ったときに、数学的な考え方で解くのか、社会的な政治や地理的なことから考えるのか、科学的に解くのか、気持ちを考えて国語的に説いていけばいいのかといろいろとやってみる。

それぞれが得意なものを持ち寄って、俺はこう考える、私はこう考える、じゃあこういう道もあるよね、それがうまくいかなければこっちはどうだろうと、みんなで考える。それこそが、いま求められているアクティブ・ラーニングなのだと思います。

私は、すべての子どもたちの学びの環境を、本来あるべき姿に変えていきたい。諦めたくないのです。

バーンアウトしないために

子どもたちのことを考えるとき、子どもたちをケアする人のケアを忘れてはなりません。いま、学校の先生もお父さんもお母さんも、誰もが本当に大変な状況に立たされています。

この本を読んでいるみなさんが、まずは自分自身を大切にしてほしいと思います。

私が赤鼻をつけるきっかけとなったドクター・パッチ・アダムスが来日したとき、とても大事なことを教わりました。人をケアする人がバーンアウトしないための7ヵ条です。

❶ I love people.　人を愛してください。ケアすることは愛することです。
❷ I am a hero.　自分をヒーローだと思って。世界を変えることができます。
❸ Smile　笑顔を大切に。笑うことでお互いがリラックスできます。
❹ Karma　ケアをし合うのは人の定めです。

❺ Creative　創造性を発揮してください。乗り越えられない壁はないよ。
❻ I can do it.　自分を信じて。必ずできます。
❼ Science　戦争やいじめが人の役に立つ論文はない。愛することやケアが人の役に立つことは科学的に証明されているんだよ。

私はこれを聞いて、一つ一つのことばを書きとめ、その意味をかみしめました。彼と一緒にいられる最終日に、「これだけでは足りないので、仲間が欲しいです」と伝えたら、彼がギュッと抱きしめてくれました。

この7ヵ条を大切にしながら、僕なりの7ヵ条をつくってみました。

❶ 仲間を持つ
❷ 自分の限界を知る（職業の限界も知る必要がある　全部自分でやらない）
❸ 生活リズムを整える（運動含む）
❹ 助けてと言える
❺ 自分の感情を大切にする

❻感謝の気持ちを持つ（子ども、同僚、家族、自然に対して）
❼教師ではない自分でいられる（別の自分になれる）仲間や場所を持つ

この本を通して、これらのことは少しずつお伝えしてきたと思います。子どもたちに関して言えることは、大人である私たちにも通じることです。

7番目の「教師ではない自分でいられる（別の自分になれる）仲間や場所を持つ」については、あまりお話ししていなかったかもしれません。

私にとっては、父親であり、おじいちゃんでいられる場所、お家でしょうか。大学で教壇に立ちながらも学生として学び続けていることもこの7番目とつながっているかもしれません。私にとって大切な場所です。赤鼻をつけてクラウンをすることもその一つです。別の価値観の中にいることがとても大事だと思っています。

教師としてこうせねばならぬとか、こうあるべき、というところから離れることで、新しく見えてくることもあります。

私たちは、親としてこうあらねばならない、父として、母として、という重圧で苦しくなることもあります。子どもたちも、私たちも、何者でもない一人の人間として、抱えているつらさや悲しみを誰かと分かち合いたい。そうして助け合いながら、よろこび、笑い合って生きていくために、学び続ける存在でありたいと願います。

おわりに

病弱教育の現場は、これからの子どもたちに起きるであろう課題の最先端が、一番最初に現れるところです。

アレルギー、肥満、不登校、いじめ、発達障害や精神疾患、病名がつかずに入院してくる子どもたち――。病院で子どもたちを見ていると、次の課題が見えてきます。

病院にはいろいろな子どもたちがいます。最初は、病院にいる子どもたちのことを皆さんにも知ってほしいという思いを持って、講演などでお話ししていました。

でもそこで見えてくることは、この社会の課題であり、学校の課題であり、子育ての課題であり、すべての人にとってとても大事なことばかりだと思うようになりました。

この本を手にした皆さんが、ご自身の立場で、ご家庭でも生かせるように読んでいただけることを願っています。

私は、子どもの前を走る人ではなく、伴走者でありたいと思っています。

ホスピタル・クラウンの考え方で好きなところは、おいでおいでと導くのではなく、「下に入って持ち上げる」というところです。

横か、少し後ろから伴走するようなイメージです。

大人は子どもたちに、遠回りしないように最短距離を教えたり、しゃがみ込んでしまったら「早く立って！　間に合わないよ」と声をかけたり、障害物があれば取り除いたりしがちなのですが、でもそうではなくて、その子が走るのに疲れて歩き始めたら、見守りながらその横にそっと居たいと思います。

教師は一人ひとりの子どもの行き先を知りません。行くべき道もわからない。行くべき道など、そもそもないのかもしれません。

行き先がわからない子どもたちが、どうやって行き先を決めるのか、そこに向かうにはどうやって行けばいいのか、それを考えるために必要なことを学べるようにお手伝いすることが教師の仕事なのだと思います。

その子なりの幸せを見つけて、豊かに生きていくためには、教師が豊かに生きていく姿を見せなきゃなあと思います。

「大人って楽しそうだな」と子どもたちに思ってほしいのです。

もちろん、病院では別れもあります。辛いこともしんどいこともあります。

でも、たくさんの子どもたちと一緒に過ごすことができる時間は、楽しく、恵まれていると思っています。

もう30年以上前になりますが、教員採用試験で、「教師の役割とは何か」というテーマの論文を書きました。

私は、「豊かな出会いを子どもたちに経験させたい」と書きました。そのことは、ずっと忘れたことはありません。

豊かな出会いというのは、人だけではなく、本との出会い、さまざまな教科との出会い、景色や場面との出会い、さまざまな出会いです。もちろん友だちや先生との出会いは欠かせません。子どもに豊かな出会いを用意できる教師になりたいと書きました。

いまでもずっとそう思っています。

「この子に豊かな出会いを経験してもらうことができたかな」といつも考えます。

そして、私自身も、子どもたちに豊かな出会いを経験させてもらっているという実感があります。

すべての子どもたちに、学ぶことを楽しみながら、楽しい時間と日常を過ごしてほしいと願っています。

今回この本は、太田美由紀様とのたくさんのおしゃべりと青田恵様の細やかなご配慮、お二人のご尽力により形になりました。私にとってもとても大きな出会いとなりました。本当にありがとうございました。

この本に関わってくださったすべての方との出会いに感謝申し上げます。ありがとうございました。

副島賢和

【著者プロフィール】

副島賢和（そえじま・まさかず）

昭和大学大学院准教授。2014年より昭和大学附属病院内学級担当。学校心理士スーパーバイザー。
公立小学校教諭として25年間勤務。2006年より8年間、昭和大学病院内さいかち学級担任。ホスピタル・クラウンでもあり、2009年のドラマ『赤鼻のセンセイ』のモチーフにもなった。2011年NHKプロフェッショナル仕事の流儀に出演。

カバーデザイン ―――― TYPE FACE 渡邊民人

紙面デザイン／DTP ―― BUCH⁺

編集協力 ―――――― 太田美由紀

ストレス時代の子どもの学び

2020年11月30日　初版第1刷発行

著　　者　副島賢和（そえじま・まさかず）
発 行 所　株式会社風鳴舎
〒170-0005 豊島区南大塚2-38-1 MID POINT 6F
（電話03-5963-5266/FAX03-5963-5267）
印刷・製本　モリモト印刷株式会社

・本書は著作権法上の保護を受けています。本書の一部または全部について、発行会社である株式会社風鳴舎から文書による許可を得ずに、いかなる方法においても無断で複写、複製することは禁じられています。
・本書へのお問い合わせについては上記発行所まで郵送にて承ります。乱丁・落丁はお取り替えいたします。

©2020 Masakazu Soejima
ISBN978-4-907537-30-2 C0036
Printed in Japan